Hans Delfs

Gedanken
an der
Grenze
zwischen
Naturwissenschaften
und
Philosophie

novum ◢ pro

Dieses Buch ist auch als
e-book
erhältlich.

www.novumverlag.com

Bibliografische Information
der Deutschen Nationalbibliothek:

Die Deutsche Nationalbibliothek
verzeichnet diese Publikation in
der Deutschen Nationalbibliografie.
Detaillierte bibliografische Daten
sind im Internet über
http://www.d-nb.de abrufbar.

© 2023 novum Verlag

ISBN 978-3-99146-043-5
Lektorat: Maria Hentschel
Umschlaggestaltung, Layout & Satz:
novum Verlag

www.novumverlag.com

Gedruckt in der Europäischen Union
auf umweltfreundlichem, chlor- und
säurefrei gebleichtem Papier.

Climate neutral
Print product
ClimatePartner.com/16547-2201-1002

Für Andreas

INHALTSVERZEICHNIS

9

EINFÜHRUNG

Die Überlegungen, die zu diesem kleinen Buch geführt haben, nahmen ihren Anfang auf regelmäßigen morgendlichen Waldspaziergängen. Irgendwann kam ich auf die Idee, das niederzuschreiben, was ich dabei über meine Existenz gedacht habe. Genau genommen aber liegt der Ursprung bereits im Jahre 1954, als der Lehrer im schulischen Philosophieunterricht die grundsätzliche Trennung zwischen den inneren Vorstellungen von der Welt und der äußeren Welt erwähnte, die durch einen unüberwindlichen Graben voneinander getrennt sind. Das schlug bei mir ein wie eine Bombe mit der Erkenntnis: „Donnerwetter, das ist ja wahr! Ich lebe wirklich nur in den Vorgängen, die sich in meinem Hirn abspielen!" Diese Sicht stellte sich für mich unmittelbar ein, bedurfte keines Beweises und keiner Philosophie und ist bestimmend für mein ganzes Leben geworden.

Mein Physikstudium war stark von dieser fundamentalen Trennung zwischen der persönlichen geistigen Welt und dem unbekannten „Ding an sich" bestimmt. Das brachte mich zur Ablehnung vieler philosophischer Thesen, die damit nicht kompatibel waren, und in der Folge zu einem ausgesprochenen Desinteresse an philosophischen Fragen. Erst heute, in meinem hohen Alter, hat sich das ein wenig geändert, und diese Gedanken eines Physikers haben mehr philosophischen als naturwissenschaftlichen Charakter. Allerdings sind meine philosophischen Überlegungen laienhaft. Ich muss offen zugeben, dass viel von dem, was professionelle Philosophen über manche der hier angesprochenen Themen schreiben, mir unverständlich bleibt. Das liegt unter anderem daran, dass das Interesse der meisten Philosophen komplexen Phänomenen der menschlichen Existenz gilt, die oft in wolkigen Begriffen ausgedrückt werden. In Beziehung zu den eigentlichen Vorgängen im menschlichen Geist ist dies eine Top-down-Analyse. Das Denken wird dabei ebenfalls als ein komplexer Vorgang angesehen, der die Sprache als Ausdrucksmittel zur Voraussetzung hat.

Meine Überlegungen aber gehen von den Elementarvorgängen im Geist aus, zu denen wir bereits in der Lage sind, wenn wir auf die Welt kommen. Insbesondere sehe ich im Vorgang des Denkens etwas sehr Einfaches, nämlich die Verknüpfung von Vorstellungen mit ganz elementaren Beziehungen. Dieser Vorgang allerdings wird millionenfach wiederholt, um zu den komplexen Inhalten zu gelangen, die die meisten Philosophen beschäftigen. Meine Überlegungen haben eine Bottom-up-Struktur. Die meisten Philosophen werden meine Darstellung als hoffnungslos vereinfacht ansehen, während ich umgekehrt nicht in der Lage bin, ihre hochdifferenzierten Analysen (einschließlich des dazugehörigen Vokabulars) nachzuvollziehen.

Doch auch meine naturwissenschaftlichen Überlegungen sind unvollständig, weil die Naturwissenschaften ein so großes Gebiet sind, dass kein Mensch sie übersehen kann. So bleibt das Einzige, auf dem ich hier wirklich fußen kann, der sogenannte gesunde Menschenverstand. Daher müsste das, was ich hier schreibe, im Prinzip für jeden verständlich sein, doch intensives Mitdenken bleibt dem Leser nicht erspart.

Die Tatsache, dass jedes naturwissenschaftliche Denken immer an philosophische Fragen grenzt, ergibt sich aus zwei Gründen. Einerseits ist die Maschine, mit der ich denke, mein Hirn also, ein Gegenstand der Naturwissenschaften, während die Inhalte des Denkens, Begriffe und Vorstellungen, in den Bereich der Philosophie gehören. Andererseits beruhen die gesamten Naturwissenschaften auf Beobachtungen, doch die Frage, wie eine Beobachtung zu einer Vorstellung in meinem Geist führt, hat philosophischen Charakter.

Ich denke nicht an Beweise im Sinne philosophischer Logik. Obwohl diese bei vielen Philosophen sehr geschätzt und gepflegt wird, habe ich zu ihrer Nützlichkeit meine Zweifel. Das Theoriegebäude der philosophischen Logik konnte nur entstehen, weil im Denken eine Logik angelegt ist. Ich nehme an, dass es sich dabei um einen Teil der menschlichen Grundausstattung handelt. Für meine Begriffe reicht diese Fähigkeit für das hier zu Entwickelnde völlig aus, und wo sie nicht ausreicht, helfen auch Syllogismen nicht weiter. Sogar in der Mathematik hat die philosophische Logik für meine Begriffe hauptsächlich akademischen Wert.

Ich gehe davon aus, dass alle Gedanken, die ich hier niederschreibe, bereits früher von anderen gedacht worden sind, vielleicht nicht in diesem Gesamtzusammenhang. Das, was eigenen Überlegungen entspringt, ist normal gesetzt. Doch lese ich auch Gedanken anderer, auf die ich selbst nicht gekommen bin oder auch nicht kommen konnte. Diese Dinge schiebe ich in Kursivschrift ein.

Ich bin kein Kenner der philosophischen Literatur. Das liegt daran, dass ich lange Jahre um diese Disziplin einen großen Bogen gemacht habe und meine wenigen Versuche damit enttäuscht abgebrochen habe, weil ich regelmäßig auf Systeme stieß, die ich bereits in ihren Grundlagen nicht nachvollziehen konnte und denen ich wenig Relevanz für mein persönliches Leben zu geben bereit war. So stammen heute meine Kenntnisse dazu zum größten Teil aus Sekundärliteratur.[1]

Bei einem oberflächlichen Überblick über die Philosophiegeschichte habe ich zwei Feststellungen getroffen. Die erste ist die Tatsache, dass im Laufe von fast drei Jahrtausenden die Naturwissenschaften, die ursprünglich Teil der Philosophie waren, in ihrem beispiellosen Aufstieg große Teile der Philosophie erobert oder ihnen die Relevanz entzogen haben. Der entscheidende Schritt, der die Loslösung der Naturwissenschaften von der Philosophie und ihren Erfolg ermöglichte, war ein einziges Prinzip, nämlich die Idee, dass der Beobachtung absolute Priorität gegenüber intuitiven Erkenntnissen einzuräumen ist. Dieser Gedanke beherrscht als empirisches Prinzip alle Naturwissenschaften und liegt meinen Ausführungen zugrunde. Dieses Prinzip ist nie unumstritten gewesen. Sogar ein Geist vom Format eines Goethe, dem beobachtende und beschreibende Disziplinen viel verdanken, konnte sich nicht zu einer Anerkennung der ihm genau bekannten empirischen Nachweise einer Zerlegung des weißen Lichts in die Spektralfarben entschließen. Stattdessen hielt er seine intuitive Überzeugung von der Einheit des weißen Lichts für unwiderleglich. Aus diesem Grunde ist sein Beitrag zur Physik in der Farbenlehre, die er selbst als sein wichtigstes Lebenswerk betrachtete, naturwissenschaftlich unbedeutend geblieben.[2]

Die zweite Feststellung ist, dass sich viel von dem, was ich gedanklich für mich entwickelt habe, bereits in ähnlicher oder gleicher

13

Weise bei anderen findet, ohne dass es mein Denken beeinflusst hat. Bei den englischen Philosophen der Aufklärung, vor allem bei Hume, aber auch bei Kant und bei verschiedenen neueren Philosophen finde ich eine Reihe verwandter Gedanken. Doch es gibt auch bei allen bestimmte Punkte, in denen ich ganz entschieden anderer Ansicht bin. Meist liegt das an den Rollen der Religion, der Empirie oder daran, dass Erlebniswelt und äußere Welt nicht sorgfältig getrennt werden.

Meine Überlegungen waren anfangs rein introspektiv und gingen von der Frage aus, wie das meiste von dem, was in meinem Geist vorgeht, über die Sinne zustande kommt. Dieser Betrachtungsweise entspricht die Ich-Perspektive, die ich vielfach benutzen werde. Es hat sich aber dann gezeigt, dass parallel zur Introspektion einige weitere Denklinien eng damit zusammenhängen. Die erste davon ist die Betrachtung der geistigen Entwicklung von Kleinkindern, die ich mit meinen introspektiven Betrachtungen vergleichen werde. Dabei lässt sich eine weitgehende Parallelität zwischen diesen Beobachtungen und meiner Introspektion feststellen.

Eine weitere Denklinie entstammt den Naturwissenschaften, nämlich die Tatsache, dass ich nur mit den Eigenschaften und Fähigkeiten arbeiten kann, die mir die Natur bei der Geburt mitgegeben hat. Was alles zu dieser in der Evolution festgelegten Grundausstattung gehört, ist umstritten und teilweise Gegenstand der Forschung. Im Laufe der Darstellung werde ich immer wieder auf Dinge stoßen, die vermutlich zur Grundausstattung gehören und die ich in einem eigenen Abschnitt besprechen werde.

Die bisher skizzierten Inhalte werde ich im ersten Teil dieser Überlegungen behandeln. In diesem Teil wird implizit vorausgesetzt, dass ich einen freien Willen habe und mich deshalb für Handlungen, die von Willensimpulsen meines Geistes ausgehen, frei entscheiden kann. Ich werde aber feststellen, dass es eine Art übergeordnete Regel der Naturwissenschaften gibt. Das ist die Erfahrung, dass alles, was geschieht, auf eine Ursache zurückgeht und dass bei einer genau bekannten Ursache in der Regel die gleichen Folgen beobachtet werden, das Kausalgesetz. Kausalität ist bei genauer Betrachtung wie alle Naturgesetze kein wirkliches Gesetz, sondern nur eine Erfahrungstatsache, allerdings eine sehr bewährte. Sie führt jedoch zu einer durch Jahrhunderte der Philosophie umstrittenen Frage: Gibt es einen freien Willen oder ist alles determiniert, d. h. durch das Kausalgesetz bestimmt? Hier hat die Hirnforschung der letzten 50 Jahre zu sehr revolutionären Auffassungen geführt. Ich werde auf diese Forschungen nur insofern eingehen, als sie die Existenz eines freien Willens betreffen. Diese haben allerdings zu Schlüssen geführt, welche die in Teil 1 angestellten Betrachtungen in radikaler Weise verändern, zum Teil ad absurdum führen, zum Teil aber auch ihre Berechtigung untermauern. Es ist daher angebracht, diese Überlegungen in einem zweiten Teil abzutrennen und sorgfältig zu diskutieren.

TEIL 1

Introspektive Überlegungen

SPRACHLICHE FESTLEGUNGEN

Ich möchte meine sprachlichen Festlegungen vorab erläutern, um unnötige Missverständnisse zu vermeiden. Weiterhin möchte ich mich, soweit es mir möglich ist, der deutschen Umgangssprache bedienen.

Geist: Den „Behälter" sämtlicher bewusster Vorgänge, die wir biologisch in unserem Gehirn verorten, bezeichne ich als Geist. Der Geist ist demnach nichts Transzendentes. Im Sinne der Gedächtnispsychologie ist er vor allem im Arbeitsgedächtnis repräsentiert. Da ich über unbewusste Vorgänge wenig sagen kann, betrachte ich fast nur bewusste Vorgänge. Der Geist in dem hier festgelegten Sinn steht in engstem Zusammenhang mit dem **Bewusstsein**.

Vorstellung: Ich bezeichne das inhaltliche Material der meisten bewussten Vorgänge im Geist als Vorstellungen. Dieser Begriff ist sehr umfassend und weicht vom umgangssprachlichen Gebrauch ab. Er reicht in einer vielschichtigen Hierarchie von den primitivsten Sinneseindrücken bis hinauf zu den komplexesten abstrakten Begriffen.

Beobachtung: Den Vorgang, aus den Signalen der Sinne einfachste Vorstellungen zu bilden, bezeichne ich als Beobachtung, auch ohne nennenswert andere Bedeutung als Wahrnehmung.

Erinnerung: In meinem Geist abgespeicherte und wieder rekonstruierte Vorstellungen bezeichne ich als Erinnerungen. Ich gehe hier nicht auf die von der Gedächtnispsychologie zwar intensiv, aber immer noch bei Weitem nicht erschöpfend erforschten Mechanismen der Speicherung ein, weil sie meiner Meinung nach für das, was ich darstellen möchte, keine wesentliche Rolle spielen.

Denken: Das Verknüpfen von Vorstellungen bezeichne ich als Denken. Das ist ein Elementarvorgang. Dieses Verständnis vom Denken unterscheidet sich von dem der mir bekannten Philosophien grundlegend.

Gefühle: Es gibt Wirkungen meines Körpers auf meinen Geist, die nicht über die Sinnesorgane vermittelt werden und keine Vorstellungen bewirken, die aber vom Geist bewertet werden. Diese bezeichne ich als Gefühle. Man kann zwar von Gefühlen begriffliche Vorstellungen bilden, die aber nicht identisch mit den Gefühlen sind.

Willensbefehl: Einen in meinem Geist entstehenden Impuls, auf meinen Körper einzuwirken, bezeichne ich als Willensbefehl.

Äußere Welt: Alles, was sich außerhalb des Geistes tummelt, werde ich als die äußere Welt bezeichnen. Dem entsprechend nehme ich nicht an, dass es außer meinem Geist und der äußeren Welt noch irgendetwas gibt.

Weitere sprachliche Festlegungen: Im Laufe des Textes werden weitere sprachliche Festlegungen in fetter Kursivschrift auftauchen.

AUSGANGSPUNKT

Meiner Spekulation nach muss alles, was sich in meinem Geist abspielt, entweder bei Geburt mitgeliefert worden sein oder auf Sinneserfahrung und anderen Einflüssen aus der äußeren Welt beruhen, wobei die Trennung zwischen der äußeren Welt und den Vorgängen in meinem Geist fundamentale Bedeutung hat. Diese Trennung mache ich zum Ausgangspunkt meiner Darstellung, und zwar sehr radikal und kompromisslos. Ich wähle diesen Ausgangspunkt nicht nur, weil er in meiner eigenen philosophischen Denkentwicklung am Anfang steht, sondern auch, weil er zu den Erfahrungen aus der kindlichen Entwicklung passt.

Ich weiß zwar, dass Kant bei Weitem nicht der Erste war, der die grundsätzliche Trennung der äußeren Welt von den Vorgängen in unserem Geist formuliert hat, auch die Bezeichnung „Ding an sich" für Gegenstände der äußeren Welt stammt nicht ursprünglich von ihm, die Formel „an sich" wurde von ihm aber vielfach benutzt im Text seiner Kritiken.[3] Die Relevanz dieser Trennung ist zwar immer wieder von Philosophen bestritten worden und wird auch heute vielfach bestritten,[4] ist aber für mich selbstevident und bedarf keines Beweises.

Ich formuliere meinen Ausgangspunkt (etwas ungenau) folgendermaßen: „Von der äußeren Welt hervorgerufene Sinneseindrücke lassen in meinem Geist Vorstellungen entstehen. Ich habe aber keine Ahnung, was in der äußeren Welt zu diesen Vorstellungen führt." Diese Formulierung ist aus mindestens einem Grunde ungenau: Das Wörtchen „Ich" wird hier unberechtigt verwendet, denn es hat erst eine Berechtigung, wenn ich ihm eine Bedeutung zugewiesen habe. Und es wird sich zeigen, dass gerade das ein schwieriger Punkt ist. Ich verwende dieses Wort und das damit zusammenhängende Wort „mein" gewissermaßen vorläufig als eine praktische umgangssprachliche Formulierung meiner Aussagen. Eine genauere Wortdefinition kann ich erst weiter unten geben. Solange diese nicht vorliegt, könnte der Ausgangssatz lauten: „Es gibt Vorstellungen." Ich vermute, dass diese Formulierung recht gut den Anfang geistiger Tätigkeit im Geist eines Neugeborenen beschreibt. Da besteht nämlich noch kein „Ich" und keine „Welt" und das Einzige, was außer einer Grundausstattung angetroffen werden kann, sind die Repräsentationen der Sinnessignale.

Erst in einem fortgeschrittenen Stand dieser Überlegungen bin ich auf eine Schrift des Physikers Ernst Mach hingewiesen worden.[5] Man könnte denken, dass er als Physiker zu ähnlichen Gedanken gekommen wäre wie ich. Doch das ist keineswegs der Fall. Machs Ausgangspunkt ist einfach die Welt und das Ich, die er beide als „relativ beständig" und als weitgehend deckungsgleich mit den „Empfindungen" ansieht. Eine Trennung zwischen der Welt des Erlebens und einer äußeren Welt erkennt er nicht an. Ein von den geistigen Vorgängen völlig getrenntes „Ding an sich" ist für ihn eine philosophische Ungeheuerlichkeit.

Die philosophische Denkrichtung des Neurealismus ist den Positionen von Mach verwandt. Zwar teile ich die Ansicht, dass wir im praktischen Leben die Dinge so nehmen können, wie sie uns erscheinen, aber nicht, weil sie wirklich so und nicht anders sind, sondern weil unser Gehirn uns keine andere Möglichkeit gibt. (siehe Teil 2).[6]

Die äußere Welt (Ding an sich) hat für mich hypothetischen Charakter, weil ich streng genommen über die äußere Welt nichts weiß. Im Grunde ist diese Hypothese Ausdruck des weiter unten zu besprechenden Kausalgesetzes in dem Sinne: Es muss zu meinen Sinneseindrücken eine Ursache geben. Die Gesamtheit dieser Ursachen bezeichne ich als die äußere Welt.

Ich denke, gegen meine Feststellung, dass die äußere Welt hypothetischen Charakter hat, könnte der Einwand vorgebracht werden, dass wir ja die physikalischen Gesetze kennen, die für die Einwirkungen der äußeren Welt auf unsere Sinne maßgeblich sind. Zum Beispiel kennen wir die Abbildungsgesetze der Physik, die den Zusammenhang eines Bildes in der äußeren Welt mit dem Bild auf unserer Netzhaut beschreiben. Ergo können wir zurückschließen, wie das in der äußeren Welt aussieht, was einen bestimmten optischen Eindruck erzeugt hat. Das ist jedoch ein Fehlschluss, denn unsere Augen sind selbst Teile der äußeren Welt, aber unsere physikalischen

Gesetze beschreiben nicht Beziehungen zwischen Gegenständen und Erscheinungen in der äußeren Welt, sondern nur zwischen Vorstellungen in unserem Geist.

Ich werde im Laufe meiner Überlegungen und in meiner Bezeichnungsweise häufig den hypothetischen Charakter der äußeren Welt vernachlässigen. Das ist die normale Umgangssprache. Der sprachliche Ausdruck wird allzu umständlich, wenn man die Tatsache, dass die äußere Welt Hypothese ist, ständig mitschleppt. Den Grundsatz aber, dass die äußere Welt nur hypothetischen Charakter hat, werde ich beibehalten und mich gelegentlich daran erinnern. Das ist insbesondere dann wichtig, wenn ich etwas ferner liegende Facetten der äußeren Welt betrachte, zum Beispiel die Beobachtungen, die der Relativitätstheorie, Elementarteilchenphysik oder Kosmologie zugrunde liegen.

Es ist nicht einmal im Gedankenexperiment einzusehen, wie ein Lebewesen konstruiert sein könnte, welches ein echtes „Wissen" seiner Umwelt besitzt, solange es selbst Teil dieser Welt ist. Zu wirklichem Wissen gehört Vollständigkeit. Dieses gedachte Wesen, das ein echtes Wissen seiner Umwelt besitzt, enthielte demnach die gesamte Welt in Kopie, und damit auch sich selbst. Und hier zeigt sich der Widerspruch.

Bereits hier ist ein kurzer Exkurs zur Evolution angebracht: Für unsere Orientierung in der Umwelt und unser Überleben ist die Frage, ob ich irgendein wirkliches Wissen über eine tatsächliche Umwelt haben kann oder ob ich nur ein von mir selbst aufgrund der Sinnessignale konstruiertes „Bild" der äußeren Welt kenne, vollkommen unwichtig, solange es zwischen beiden eine zuverlässige Beziehung gibt, die es mir gestattet, Gefahren und Gelegenheiten in der überwiegenden Zahl der Fälle richtig einzuschätzen. Genau das scheint unsere Ausstattung mit Sinnen und dem Nervensystem zu leisten. Mehr dazu folgt im Teil 2 dieser Überlegungen.[7]

DIE HIERARCHIE DER VORSTELLUNGEN

Ich verwende das Wort *Vorstellung*, wie bereits erläutert, für nahezu das gesamte Material, mit dem ich in meinem Geist mehr oder weniger bewusst umgehe. Dieses Material ist aber sehr vielgestaltig. Ich versuche, das zu berücksichtigen, indem ich eine vielstufige Hierarchie von Vorstellungen annehme.

Die einfachsten Vorstellungen

Die unterste Hierarchieebene sind diejenigen Vorstellungen, die als unmittelbare Wirkungen meiner Sinne auf meinen Geist, also durch Beobachtung, entstehen. Das sind Vorstellungen von Bildern, die der Gesichtssinn liefert, von Geräuschen, die mein Gehör liefert, taktilen Eindrücken, die mein Tastsinn liefert, usw. Ich werde sie als *primitive Vorstellungen* bezeichnen.

Die nächste Hierarchieebene von Vorstellungen ergibt sich dadurch, dass bestimmte primitive optische, akustische, taktile, olfaktorische Vorstellungen gleichzeitig in meinem Geist (psychologisch: in meinem Arbeitsgedächtnis) auftauchen. Das passt sehr gut zu der Feststellung, dass bereits in den ersten Lebenstagen eine Reihe gemeinsam auftretender Beobachtungen und entsprechender primitiver Vorstellungen von Bild, Stimme, Tastsinn, Geruch und Geschmack zusammengefasst zu der Vorstellung „Mutter" werden. Die primitiven Vorstellungen werden verknüpft. Das ist ein Denkvorgang und die Fähigkeit dazu hat das neugeborene Kind bereits mitgebracht.

Denken und Verknüpfungsoperationen

Die gesamte riesige Hierarchie von Vorstellungen entsteht durch Verknüpfung von Vorstellungen darunter liegender Hierarchieebenen. Regelmäßig damit verbunden sind Abstraktionsvorgänge. Mindestens das Denken der einfachsten Verknüpfungen vollzieht sich unmittelbar und als angeborene Fähigkeit. Die einfachsten Verknüpfungsoperationen sind (im zeitlichen Bereich) gleichzeitig, früher, später … oder (im räumlichen Bereich) über, unter, neben, vor, hinter … usw. Alle diese Operationen werden in meinem Geist unmittelbar ausgeführt. Ich sehe nur, dass sie ausgeführt werden, behaupte aber nicht, dass das immer in bewusster Weise geschieht. Das „Cogito" von Descartes setzt ein bewusstes Ich voraus bzw. begründet dieses. In der kleinkindlichen Entwicklung aber geschieht das Denken mithilfe der Fähigkeiten und Eigenschaften, die das Kind bei der Geburt mitbekommen hat. Ein bewusstes Ich gehört nicht dazu.

Dinge

Bei der Entstehung der Vorstellung von Dingen werde ich die Parallelität des gedanklichen Aufbaus und der kleinkindlichen Entwicklung benutzen und die Vorgänge anhand letzterer erläutern.

In ähnlicher Weise, wie ich oben die Entstehung der Vorstellung „Mutter" beim Kleinstkind beschrieben habe, entstehen Vorstellungen von Gegenständen, die in den meisten Fällen aus dem Zusammentreffen von primitiven Vorstellungen mehrerer Sinne gebildet werden. Ein solcher Komplex durch Gleichzeitigkeit verknüpfter primitiver Vorstellungen verschiedener Sinne, der sich wiederholt zeigt, wird zur Vorstellung von einem „Ding" in der Außenwelt. Ich werde sie als *dingliche Vorstellungen* bezeichnen. Wir sehen, dass es sich um die Abstraktion des Gemeinsamen aus wiederholten Beobachtungen handelt. Die Tatsache, dass dieses „Ding" – und damit die gesamte äußere Welt – hypothetischen Charakter hat, werde ich von jetzt ab sprachlich meist vernachlässigen, ohne dass das Prinzip aufgegeben wird. Ich werde schlicht von Dingen sprechen.

Bei genauerer Betrachtung ist die Entstehung der Vorstellung von Dingen etwas komplexer. Es muss nicht nur die gleiche Kombination von Vorstellungen mehrfach beobachtet werden, sondern das Ding muss auch in unterschiedlicher Umgebung wahrgenommen werden, damit es von der Umgebung unterschieden werden kann. Andernfalls müsste nämlich die Umgebung mit in die Vorstellung des Dinges aufgenommen werden.

Um überhaupt in der Lage zu sein, ein mehrfaches Auftreten bestimmter Vorstellungen festzustellen und auf diese Weise ein Ding aus den vorbeirauschenden Sinneseindrücken zu selektieren, brauche ich ein Gedächtnis. Die Funktion des Gedächtnisses, mindestens in einer sehr primitiven Form, rechne ich ebenso wie die Funktion des Denkens unter die angeborenen Fähigkeiten. Was allerdings in dieser Phase abgespeichert wird, ist weniger klar und wird uns noch beschäftigen.

Bei dem Ding „Mutter" ist Einmaligkeit die Regel. Bei anderen Dingen ist das nicht der Fall. Wenn wir also ein Ding wahrnehmen, das rot und rund ist, welches auch dem Tastsinn eine runde Abgeschlossenheit zeigt und das sich in seiner Umgebung rollend bewegt, so ist die Vorstellung davon die von „diesem Ball". Nehmen wir dann ein Ding wahr, das zwar in vieler Hinsicht ähnlich, jedoch grün ist, so ist das ein anderes Ding.

Dingliche Begriffe

Die Bildung eines Begriffs, zum Beispiel des Begriffs „Ball" aus den Dingen „roter Ball" und „grüner Ball", ist ein Abstraktionsvorgang. Es gehört dazu, dass die Vorstellungen von verschiedenen Dingen etwas Gemeinsames oder Ähnliches aufweisen. Die Verknüpfungsoperation Ähnlichkeit macht nun aus mehreren einzelnen Dingen eine neue übergeordnete Vorstellung, den Begriff „Ball". Wir haben hier den ersten Fall einer Vorstellung, welcher nicht ein einfaches Ding in der Außenwelt entspricht, sondern die durch viele unterschiedliche Dinge in der Welt repräsentiert wird. In analoger Weise entstehen die Begriffe für alle Arten von Dingen, Tischen, Stühlen, Lampen, Tieren, Autos usw. Diese wiederum lassen sich wieder in ähnlicher

Weise zu höheren dinglichen Begriffen verknüpfen, zum Beispiel zu den Begriffen „Möbel" oder „Gegenstand". Alles dies sind Begriffe, denen noch eine sinnlich erfahrbare Repräsentation entspricht. Ich werde diese Vorstellungen als *dingliche Begriffe* bezeichnen. In der kindlichen Entwicklung lässt sich die Bildung von ersten dinglichen Begriffen erst dann erkennen, wenn sprachliche Äußerungen möglich werden, geschieht aber vermutlich schon lange vorher. Erste dingliche Begriffe werden in der normalen kindlichen Entwicklung mit Sicherheit bereits im ersten Lebensjahr gebildet. Wenn zum Beispiel ein Kleinkind von 10 Monaten das Erscheinen eines Hundes, eines Vogels oder eines fahrenden Autos einheitlich mit dem Wort „Wauwau" kommentiert, dann ist der Begriff von in Bewegung befindlichen Dingen bereits gebildet worden.

Ich bin bisher bei allem von der Introspektion und der Beobachtung bei Kleinkindern ausgegangen. Wie diese geistigen Vorgänge physisch in meinem Gehirn ablaufen, hat mich dabei nicht interessiert und spielt für meine Überlegungen auch keine wichtige Rolle. Wer sich dafür interessiert, findet eine gute und knappe Darstellung in den ersten Kapiteln des Buches „Aus Sicht des Gehirns" von Gerhard Roth.[8]

Abstrakte Begriffe

Unser sprachlicher Ausdruck *Begriff* bezeichnet aber nicht nur dingliche Begriffe, sondern einen weitaus größeren und komplexeren Teil der Vorstellungshierarchie. Für Begriffe, die durch Verknüpfung von Vorstellungen in meinem Geist entstehen, gibt es keinerlei Garantie, dass sie eine Repräsentation in der sinnlich erfahrbaren Welt haben, im Gegenteil: Unsere Fähigkeit, die Hierarchie der Vorstellungen durch Verknüpfung und Abstraktion zu erweitern, führt zu Vorstellungen, die nicht sinnlich erfahren werden können.

Begriffe, denen diese sinnliche Repräsentation fehlt, bezeichne ich als *abstrakte Begriffe*. Um ein einfaches Beispiel anzuführen: Die Farben Rot, Grün, Blau … sind zwar keine dinglichen Begriffe mehr, aber sie sind doch noch in den Dingen „roter Ball", „grüner

Ball" ... sinnlich repräsentiert. Wenn ich aber aus allen einzelnen Farben die Vorstellung „Farbe" abstrahiere, gibt es keine sinnlich erfahrbare Repräsentation mehr. „Farbe" ist ein abstrakter Begriff. Wann die ersten abstrakten Begriffe in der kindlichen Entwicklung entstehen, ist schwer festzustellen. Es ist zu vermuten, dass dazu die sprachliche Entwicklung bereits auf einer erheblichen Höhe stehen muss.

Wenn man versucht, dingliche und abstrakte Begriffe voneinander abzugrenzen, stößt man auf eine Schwierigkeit. Es gibt nämlich viele Begriffe, die wir als unmittelbar anschaulich, d. h. in der äußeren Welt repräsentiert ansehen, die aber selbst nicht einem Ding zugeordnet werden können, weil sie durch die Verknüpfung mehrerer Beobachtungen von Dingen entstehen. Das sind zum Beispiel Begriffe, deren Bildung mit räumlichen Abständen oder einem Zeitverlauf zusammenhängt. Das bringt uns zu den Vorstellungen von Raum und Zeit.

Vorstellungen von Raum und Zeit

Jedes statische Bild, das mir mein Gesichtssinn vermittelt, ist grundsätzlich zweidimensional, denn die Netzhaut unserer Augen ist so gebaut. Daher ist die zuerst entstehende Raumvorstellung zweidimensional mit Attributen wie „rechts", „links", „oben", „unten".

Das räumliche Sehvermögen aus der Parallaxe zwischen zwei Augen ist etwas, was erst dann in unserem Gehirn aufgebaut und automatisiert werden kann, wenn eine Vorstellung von Räumlichkeit vorhanden ist. Und die entsteht meiner Spekulation nach, indem zeitlich veränderliche bildliche Vorstellungen mich dazu bringen, eine dritte Dimension anzunehmen, weil ein Ding hinter einem anderen verschwindet. Das ist bereits bei Kleinkindern von wenigen Monaten zu beobachten. Mehr als drei Dimensionen sind aber zur korrekten Interpretation meiner bildlichen Vorstellungen nicht erforderlich. Insofern entsteht in meinem Geist keine Vorstellung höherer räumlicher Dimensionalität. Skalierung des Raumes entsteht durch „Ausmessen" bildlicher Vorstellungen, wobei verschiedene bildliche Vorstellungen miteinander verglichen werden.

Sicher wirkt bei der Bildung von räumlichen Vorstellungen neben dem Sehen auch ein aktives Ertasten des Raumes mit, das mit der visuellen Erfassung Hand in Hand geht. Doch habe ich in meiner Analyse die dazu erforderliche körperliche Aktivität noch nicht betrachtet. Dabei gehen anscheinend das optische und das tastende Registrieren des Raumes, wie man es bei Kleinkindern sehr schön beobachten kann, simultan vor sich und erschließen regelmäßige Zusammenhänge.

Hier eine kurze Anmerkung zum Aufbau des dreidimensionalen Sehens: Wir haben es mit einem typischen Beispiel von Vorgängen zu tun, die einmal bewusst gewesen sein müssen, die aber durch die Häufigkeit ihrer Beobachtung automatisiert und ins Unbewusste verschoben wurden.

Eine Vorstellung von zeitlichen Vorgängen entsteht vermutlich nach den räumlichen Vorstellungen und meist im Zusammenhang damit. Zwar wird zeitliches Aufeinanderfolgen von Sinneseindrücken in primitiver Weise unmittelbar erfahren. Dafür müssen aber die Wahrnehmungen in einem sehr kurzen Zeitabstand von wenigen Sekunden geschehen, damit sie in unserem Arbeitsgedächtnis zusammentreffen. Das ergibt sich bei der Beobachtung von Bewegungen, die mit Sicherheit bereits früh im ersten Lebensjahr als eine zeitlich gestaffelte, anscheinend stetige Veränderung primitiver räumlicher Vorstellungen wahrgenommen werden.

Das Aufeinanderfolgen in größerem zeitlichem Abstand kann nur erfahren werden durch Verknüpfung der Ergebnisse aktueller Beobachtungen mit Vorstellungen, die abgespeichert und als Erinnerungen rekonstruiert wurden. Dazu müssen aber bereits Vorstellungen räumlicher Konstellationen im Gedächtnis abgespeichert werden. Auf diese Weise entsteht die Vorstellung von einem Ordnungssystem für zeitliche Einordnung. Die Skalierung der Zeit ergibt sich durch immer weitergehende Erfahrung zeitlichen Aufeinanderfolgens. Die Entstehung zeitlicher Vorstellungen ist in der kindlichen Entwicklung nur schwer zu verfolgen.

Bei Kant werden Raum und Zeit als Anschauungsformen bezeichnet, die a priori, d. h. von Geburt an vorhanden sind und in die alle Erfahrung eingeordnet wird. Ich kann diese Sicht nicht teilen. Diese

Vorstellung steht aber offenbar in Zusammenhang mit dem Begriff der Universalien, auf den ich noch eingehen werde.[9] Mir geht es nicht darum, ob Raum und Zeit eine „Existenz" haben, die von mir unabhängig ist. Mir geht es um die eigene Erfahrung von Raum und Zeit und die entsteht meiner Sicht nach über meine Sinne, insbesondere durch das Sehen. Nur die von mir selbst in frühester Kindheit aufgebaute Vorstellung des Raumes und der Zeit in der Folge hilft mir, meine sinnlichen Vorstellungen einzuordnen, trägt aber nichts zu einer philosophischen Erschließung der Entitäten Raum oder Zeit bei. Ich werde im Folgenden auch die Vorstellungen als sinnlich erfahrbar ansehen, die Vorstellungen des dreidimensionalen Raums und des Zeitverlaufs voraussetzen. Ich nehme die Berechtigung dazu aus der Tatsache, dass die Verknüpfungen primitiver Vorstellungen, die dazu notwendig sind, in meinem Geist derartig gut eingeübt und automatisiert sind, dass sie nicht mehr bewusst wahrgenommen werden.

Eine Besonderheit aber ist festzuhalten: Weder unsere räumlichen noch unsere zeitlichen Vorstellungen enthalten eine absolute Skalierung. Es gibt weder im Raum noch in der Zeit so etwas wie einen Nullpunkt. Unsere Skalierungen erfassen immer nur Entfernungs- und Zeitdifferenzen. Es gibt daher kein absolutes „Hier" oder ein absolutes „Jetzt", das von unserem Erleben unabhängig wäre. Es ist umgekehrt: Wenn wir sagen, wir erleben etwas im Hier und/oder Jetzt, dann haben wir durch unser Erleben festgelegt, was wir als Hier und Jetzt ansehen.

Die Dynamik der Vorstellungshierarchie

Die Hierarchie der Vorstellungen, so wie sie bisher geschildert wurde, macht einen statischen Eindruck. Das liegt auch an der Parallele zur kleinkindlichen Entwicklung. Man könnte den Eindruck haben, das Ganze wird einmal aufgebaut und steht dann unverändert da. Das ist aber weit entfernt von dem, was tatsächlich geschieht.

Sinneswahrnehmungen begleiten unser ganzes Leben. Ständig entstehen neue primitive Vorstellungen und werden verknüpft zu

Vorstellungen höherer Hierarchiestufen. Vergleichende Verknüpfung mit bereits existierenden Vorstellungen ergeben: „Kenne ich schon, nichts Neues" oder „das ist so ähnlich wie" oder auch „das habe ich so noch nicht erfahren". Dementsprechend wird die Datenbank unseres Gedächtnisses erweitert oder modifiziert. Wieweit aufwärts in der vorhandenen und gespeicherten Hierarchie meiner Vorstellungen diese Veränderung sich auswirkt, hängt vom Einzelfall ab.

Jedenfalls müssen wir uns jetzt diese gesamte Hierarchie als ein hochkomplexes System vorstellen, das ständigen Veränderungen unterworfen ist. Betrachtet man es als ein System von Schichten, deren untere sinnes- und wahrnehmungsnah sind, während die oberen Schichten durch Hunderte und Tausende von Verknüpfungen aus dem Inhalt der unteren Schichten aufgebaut sind, so erkennt man, dass in den unteren Schichten in einem Zeitmaßstab von Sekunden Änderungen eintreten, während abstrakte Begriffe wie zum Beispiel „Krieg" oder „Freundschaft" weitaus seltener modifiziert werden.

Hofstadter und Sander haben darauf hingewiesen, dass das Gebäude unserer Vorstellungen und Begriffe außerordentlich dynamisch ist, wobei Analogieschlüsse der Art „das ist so ähnlich wie" eine wichtige Rolle spielen. Es liegt aber nicht in meiner Absicht, diese Vorgänge in der ungeheuren Breite und Redundanz wie bei diesen Autoren zu betrachten.[10]

Für den Hirnforscher ist der dynamische Charakter der Vorstellungshierarchie nichts Erstaunliches, denn er weiß, dass alle unsere Gedächtnisinhalte biologisch durch synaptische Verbindungen zwischen Hirnzellen repräsentiert sind, die rasch verändert werden können und in ständigem Wandel begriffen sind, solange wir leben.

DIE ÄUSSERE WELT

Bis jetzt habe ich nur Einwirkungen der äußeren Welt und ihrer Dinge auf meinen Geist besprochen. Dass den in meinem Geist entstehenden dinglichen Vorstellungen Dinge in einer äußeren Welt entsprechen, ist aber im Grundsatz Hypothese geblieben. Jetzt aber wird es komplizierter, denn diese hypothetische äußere Welt wirkt nicht nur auf meinen Geist, sondern es entsteht auch der Eindruck, dass Vorgänge in meinem Geist Vorgänge in der äußeren Welt bewirken.

Der eigene Körper

Bevor ich darauf eingehe, muss ich eine besondere Klasse von Dingen bzw. dinglichen Vorstellungen besprechen, die ganz unmittelbar entstehen. Es sind die Vorstellungen von Dingen, die ich als meine Organe bezeichne. Solange ich nur die Vorstellungen betrachte, die Sinnessignale von meiner Hand oder meinem Bein in meinem Hirn erzeugen, gibt es keinen Grund, diese Dinge als wesentlich verschieden von anderen Dingen der äußeren Welt anzusehen.

Ich beobachte aber einen Vorgang in meinem Geist, der regelmäßig mit der Wahrnehmung einer Bewegung meiner Hand oder meines Beins in der äußeren Welt zusammenfällt. Ich bezeichne ihn als einen *Willensbefehl*. Wenn mein Geist den Willen hat, mein Bein zu bewegen, und daraus einen Befehl macht, ist das ein innerer Vorgang. Aber – oh Wunder –, dieser innere Vorgang korreliert mit einer Rückmeldung meines Auges, dass dieses Ding in der äußeren Welt, dem ich die Vorstellung „Bein" zugeordnet habe, sich bewegt. Das ist anders als bei anderen Dingen. Der Tisch bewegt sich keineswegs, wenn ich versuche, ihm einen entsprechenden Willensbefehl zukommen zu lassen. Beine, Arme oder Finger jedoch kann ich durch einen Willensbefehl im Sinne einer Bewegung verändern. Dieser Unterschied führt zu der Bezeichnung dieser Vorstellungen als „mein Bein, mein Arm, meine Finger". Es handelt sich um Dinge in der äußeren Welt, die ich offenbar mit meinem Geist verändern kann. Ich finde eine ganze Klasse derartiger dinglicher Vorstellungen, die zusammengenommen die Vorstellung „mein Körper" ergeben. Willensmäßige Beeinflussungen meines Körpers führen zu korrelierten Selbstwahrnehmungen. Das fundamental Neue an dieser Vorstellung ist, dass sie erst durch eine Überschreitung des bisher unüberbrückbaren Grabens zwischen Geist und äußerer Welt zustande kommt. Zwar entsteht dadurch nach wie vor kein „Wissen" über die äußere Welt, wohl aber die Vorstellung, dass innere Vorgänge auf die äußere Welt einwirken können.

Die Frage, was ein Willensbefehl für ein Vorgang ist, führt zu der Vermutung, dass ein Repertoire von Willensbefehlen genauso wie das Denken und das Gedächtnis zu der Grundausstattung gehören, die ich bei Geburt mitbekommen habe. Dass ich aber absichtlich mein Bein oder meine Hand in bestimmter Weise und zielbewusst bewegen kann, ist nach meiner Spekulation das Ergebnis eines Lernvorgangs. Ich denke, man kann diesen Lernvorgang sehr gut bei Kleinstkindern beobachten. Neugeborene und sogar Ungeborene im Mutterleib fuchteln scheinbar ziellos mit Armen und Beinen. Willensbefehle werden anscheinend zufällig abgerufen. Irgendwann wird dann erfahren, welcher Willensbefehl welche Reaktion zur Folge hat, ein Lernprozess, der in vielen Stufen der Verfeinerung zur willentlichen Beherrschung des Körpers führt. Auch dies ist, wie schon oben die räumliche und zeitliche Einordnung der Beobachtungen, ein Vorgang, der ursprünglich bewusst war, aber durch vielfache Betätigung trainiert und ins Unbewusste verschoben wurde.

Das Ich

Bisher habe ich den Ausdruck „Ich" und „mein", wie oben festgestellt, in illegitimer Weise benutzt. Erst die Tatsache, dass ich eine Reihe von dinglichen Vorstellungen gebildet habe, die in der Zusammenfassung „meinen Körper" darstellen, habe ich die Möglichkeit, das *Ich* genauer zu definieren. Es ist diejenige Instanz in meinem Geist,

die durch einen Willensbefehl in der Lage ist, auf „meinen Körper"
einzuwirken. Natürlich ist das so bestimmte *Ich* eine Vorstellung in
meinem Geist, aber es ist eine ganz singuläre Vorstellung. Sie ist
mit der Vorstellung des Körpers untrennbar verbunden. Es gibt kein
Ich ohne einen zugehörigen Körper. Das so definierte Ich kann seine Verbindung mit dem Körper in jedem Augenblick, aber auch nur
in diesem feststellen. Es ist ein Ich der Gegenwart.
Der Begriff des Ich ist untrennbar mit dem Begriff des Selbstbewusstseins verbunden, ja, ist nahezu identisch damit. Denn die Feststellung, dass mein Ich meinen Körper bewegt, ist zweifellos eine
erste Stufe von Selbstbewusstsein. Wieweit Tiere ein bewusstes Ich
haben können, ist eine weder naturwissenschaftlich noch philoso-
phisch geklärte Frage, aber ich denke, dass die Natur keine Sprünge
macht. Daher sollte bei den uns evolutionär nahestehenden Tieren
ebenfalls etwas Entsprechendes existieren.

Vieles an den bisherigen und den folgenden Überlegungen blie-
be unverändert, wenn ich das Ich als die Instanz definieren wollte,
die Verknüpfungen von Vorstellungen vornimmt, die also – in meiner
Terminologie – denkt. Das wäre dann ein Ich im Sinne des „Cogito"
von Descartes. Doch kommt dabei die Verknüpfung mit dem eigenen
Körper nicht zum Ausdruck und die erscheint mir ganz wesentlich,
denn der Körper ist – ungeachtet rein materieller langzeitlicher Um-
wandlungen – etwas, das lebenslang mit diesem Ich in Verbindung
steht und die Zeiten überdauert.

Die Vorstellungen und Verknüpfungen, die zu der Definition des
Ich geführt haben, lassen sich auch in entsprechenden Vorgängen
der kleinkindlichen Entwicklung feststellen. Der Tatsache, dass dafür schon der Aufbau einer Vorstellungshierarchie von erheblicher
Komplexität erforderlich ist, entspricht in der Kindesentwicklung die
Tatsache, dass die Ich-Vorstellung bei Kleinkindern erst mit etwa
3 Jahren sprachlich ausgedrückt wird, während viele andere Begriffe und auch die Kenntnis des eigenen Körpers (in der dritten Person
Singular ausgedrückt) schon lange vorher kommuniziert werden.

*Der Neurobiologe Martin Korte schreibt, das Ich sei durch das
autobiographische Gedächtnis bestimmt und wir definierten uns
über das, was wir persönlich erlebt und so im Gedächtnis haben.*[11]

Ein so definiertes Ich ist aber nicht das gleiche wie das hier in Verbindung mit dem eigenen Körper erläuterte. Nur weil jedes in der Vergangenheit liegende Erlebnis in Verbindung mit einem Gegenwarts-Ich im Gedächtnis abgespeichert wurde, kann das zeitübergreifende Ich des autobiographischen Gedächtnisses entstehen. Dieses Ich, von dem Korte spricht, scheint aber etwa das Gleiche zu sein wie das „relativ beständige" Ich von Ernst Mach.[12] Quer durch den größten Teil der klassischen philosophischen Literatur begegnen wir dem Begriff der Seele. Meiner Meinung nach steht dieser Begriff in engstem Zusammenhang mit dem Begriff des Ich und des Selbstbewusstseins. Es ist etwas, was durch das ganze Leben gleich zu bleiben scheint, auch wenn mein Körper und meine gesamten äußeren Lebensumstände sich im Lauf der Zeit erheblich verändern. Daher konnte man sich nicht vorstellen, dass es Teil meiner physischen Natur sei. Und weil diese so verstandene Seele das ganze Leben hindurch gleich blieb, lag die Vermutung nahe, sie müsse ewig sein. Da aber Ewigkeit nicht erfahrbar ist, musste diese Vermutung Spekulation bleiben. In meinen Überlegungen kommt der Begriff der Seele gar nicht vor.

Ich habe meine Auffassung vom Ich hier in einem ersten Anlauf so dargestellt, wie sie mir unmittelbar erscheint. Es wird sich zeigen, dass diese Auffassung wesentlich modifiziert werden muss, wenn ich sehe, dass meine gesamte Betrachtung hier mithilfe meines Gehirns angestellt wird, das aber selbst ein Produkt der Evolution und Gegenstand naturwissenschaftlicher Forschung ist. Hier kommen dann, vor allem durch die Hirnforschung, noch ganz andere Gesichtspunkte zur Ich-Vorstellung ins Spiel, die im Teil 2 ausführlich diskutiert werden. Diese ändern zwar nichts an dem introspektiven Eindruck, zeigen aber, dass das, was ich als Willensbefehl bezeichnet habe, eine Interpretation von Vorgängen in der äußeren Welt ist. Damit wird sich mein Schluss, ein Willensbefehl sei ein Vorgang in meiner inneren Welt, der Veränderungen in der äußeren Welt bewirkt, als eine Illusion herausstellen, die mein Gehirn mir bereitet.

Gefühle und Wertungen

Vorläufig werde ich die introspektive Betrachtung weiterführen. Um etwas über meinen Körper und seine Organe zu erfahren, bin ich nicht allein auf die Rückmeldungen der nach Außen gerichteten Sinne angewiesen. Mein Nervensystem vermittelt mir auch direkt und ohne Benützung der Sinne Signale aus meinem Körper, die als somatosensorisch bezeichnet werden. Diese stammen ebenso wie die der Sinne aus der äußeren Welt, da ja mein Körper Gegenstand der äußeren Welt ist. Diese direkten Signale aus meinem Körper wirken mit an den Vorstellungen, die ich mir über meinen Körper und dessen Teile mache. Bei den nervlichen Signalen, die mich meine Organe fühlen lassen, gehe ich davon aus, dass auch sie zur Grundausstattung gehören. Ich vermute aber, dass die Zuordnung zu bestimmten Organen erst das Ergebnis eines Lernprozesses ist. Auf der physiologisch-funktionalen Ebene kommen zu den nervlichen Signalen auch Wirkungen der Körperchemie auf meinen Geist.

Nicht alle Signale meines Körpers an meinen Geist haben Vorstellungen im Geist zur Folge. Es gibt eine Reihe von Signalen, die zwar vom Körper ausgehen, die aber keine Vorstellungen über meinen Körper und seine Teile bewirken, sondern etwas ganz anderes entstehen lassen, nämlich die unterschiedlichsten Gefühle, die grob in Gefühle von Lust oder Unlust aufgeteilt werden können.

Mit *Lust* bezeichne ich eine Wirkung, die den Geist veranlasst, eine Wiederholung anzustreben. Beispiele sind der gute Geschmack eines Essens, das Wohlgefühl der Wärme in der Sommersonne, aber auch das herrliche Gefühl eines funktionierenden Körpers bei sportlicher Betätigung. Mit *Unlust* bezeichne ich eine Wirkung, die der Geist zu vermeiden sucht. Beispiele sind körperliche Schmerzen, Angstgefühle, das Gefühl des Erschreckens oder der Unsicherheit. Lust und Unlust in diesem Sinne sind die hauptsächlichen Antriebe, die zu Willensbefehlen meines Geistes im Sinne der Wiederholung oder Vermeidung führen.

Ich behaupte zwar, dass diese Gefühle keine Vorstellungen in meinem Geist sind. Ich kann jedoch von einem bestimmten Gefühl eine begriffliche Vorstellung bilden. Eine solche Vorstellung ist aber etwas ganz anderes als das Gefühl selbst.

Die Sicht in den letzten Abschnitten ist unter anderem von den Ergebnissen der Hirnforschung beeinflusst und geformt worden. Die Namen, die mir im Zusammenhang damit einfallen sind: Eric Kandel[13], Antonio Damasio[14] und Joseph Ledoux.[15]

Andere Körper

Es gibt eine Reihe von Dingen in der Außenwelt, die mit der Vorstellung meines eigenen Körpers ein großes Maß an Ähnlichkeit aufweisen. Die bildliche Vorstellung davon enthält viele Merkmale, die auch mein eigener Körper hat, sie sind auch fähig, sich zu bewegen. Es gibt aber einen entscheidenden Unterschied zu meinem Körper: Sie sind nicht mit meinen Willensbefehlen korreliert. Daher sind sie definitiv nicht „mein Körper". Ich will sie als „andere Körper" bezeichnen.

Die Ähnlichkeit geht aber noch weiter: Ich kann mit Willensbefehlen meines Körpers Signale in die äußere Welt senden, beispielsweise indem ich über mein Stimmorgan Laute äußere. Jetzt aber kann es passieren, dass zusätzlich zu den oben beschriebenen Selbstwahrnehmungen in kurzer zeitlicher Folge meine Sinne Signale melden, die von einem anderen Körper ausgehen. Der andere Körper reagiert auf meine Signale. Diese Wirkungen gehen erheblich über die oben beschriebene Selbstwahrnehmung von meinem eigenen Körper hinaus. Ich kann diese Wirkungsschleife fortsetzen, indem ich die Signale von dem anderen Körper „beantworte", worauf der andere Körper wieder reagiert. Das ist das Prinzip der Kommunikation.

Ich kann diesen Vorgang schon in der allerfrühesten kindlichen Entwicklung beobachten. Ein Kind schreit, und als Reaktion kommt von außen die Mutter und stillt es. Bis daraus eine bewusste Wirkungsschleife wird, dauert es natürlich noch, aber schon bald kann man erste kommunikative Vorgänge beobachten.

Verknüpfe ich alle Vorstellungen, die über meinen und über andere Körper in meinem Geist entstanden sind, so erkenne ich nicht nur ein hohes Maß an Ähnlichkeit, sondern fast eine Symmetrie. Das Einzige, was die Symmetrie aus zwei Körpern, die sich gegenseitig Antworten schicken, stört, ist die Tatsache, dass nur einer davon „mein Körper" ist.

Andere Menschen als Analogieschluss

Die Symmetrie wird vollkommen, wenn ich einen Analogieschluss ziehe: Der andere Körper ist der eigene Körper eines anderen Ich. Ich erweitere jetzt also die Hypothese von der äußeren Welt durch die Hypothese von anderen Wesen, denen ich weitgehend gleiche Eigenschaften zuordne wie mir selbst.

Dieser Analogieschluss entwickelt in der Lebenspraxis eine sehr starke suggestive Wirkung, in deren Folge die anderen Wesen und Menschen für mich – wie auch andere Dinge in der äußeren Welt – vollkommen real werden. Ihr hypothetischer Charakter wird vernachlässigt. Umgangssprachlich ausgedrückt: Ich habe erkannt, dass es andere Wesen gibt, die mir scheinbar weitgehend gleichen, die ein eigenes Ich haben und die ich als andere Menschen bezeichne. Auf dieser Hypothese baut sich die gesamte Kommunikation und Psychologie auf. Die Bewährung, aber auch die Begrenztheit dieser Hypothese stellt sich in meinem Leben im Lauf der Zeit heraus.

Wann dieser Analogieschluss in der kleinkindlichen Entwicklung entsteht, kann ich nur vermuten. Jedenfalls kann er vollständig erst vollzogen werden, wenn der Ich-Begriff entstanden ist, also in einer recht fortgeschrittenen Entwicklungsstufe. Es gibt aber vorher bei Kindern regelmäßig eine längere Phase, in der andere Menschen klar unterschieden, identifiziert und mit Namen angeredet werden, während das Kind von sich selbst mit seinem Namen wie von einem Dritten spricht. Dazu ist vermutlich bereits eine Analogie erkannt worden.

Doch wir ahnen, dass diese Analogie in gewissem Maß schon viel früher von Kleinkindern verstanden wird. Dafür spricht das Phänomen der Nachahmung. Das beginnt schon früh im ersten Lebensjahr. Wir erkennen das bei Babys im Alter von einigen Monaten.[16]

Später finden wir das völlig unverständliche „Sprechen" der Babys. Sie brabbeln ständig etwas vor sich hin, was vermutlich eine Nachahmung des Verhaltens Erwachsener ist. Beim Spiel mit Bausteinen oder anderen Spielelementen braucht ein Erwachsener bloß einen Baustein auf einen anderen zu legen, dann wird das Kind versuchen, das nachzumachen. Legt ein Erwachsener rote Bausteine auf einen Haufen, grüne aber auf einen anderen, dann wird vermutlich das Kind das Gleiche tun, und zwar deutlich vor dem Alter von einem Jahr. *Erforscher des kleinkindlichen Verhaltens beobachten die Nachahmung (Mimik, Lächeln, Herausstrecken der Zunge) bereits in den ersten Lebenswochen. Sie zählen die Fähigkeit, lebendige Wesen zu erkennen und nachzuahmen, zu den angeborenen Fähigkeiten. Ein simpler Nachahmungstrieb ist auch später im Leben unbewusst wirksam. Er bringt Kleinkinder dazu, mit ihrer Umwelt Kontakt aufzunehmen.*[17]

Ich habe den Analogieschluss von meinem Körper auf andere Körper – sprich andere Individuen – hier nur hinsichtlich anderer Menschen berücksichtigt. Natürlich gibt es auch Tiere, bei denen der Analogieschluss nicht oder nur begrenzt möglich ist. Ich werde darauf aber nicht näher eingehen, weil das für das Ziel meiner Ausarbeitung nichts Entscheidendes beiträgt.

Naive Sicht der Welt und systematische Introspektion

Die ganzen bisher ausgeführten Überlegungen sind von der fundamentalen Trennung zwischen innerem Erleben und äußerer Welt ausgegangen. Es ist versucht worden, zu analysieren, wie das innere Erleben trotz dieser Trennung zustande kommt.

Kaum ein Mensch macht sich während der Entwicklung seiner Vorstellungen von der äußeren Welt klar, dass diese Vorstellungen etwas grundsätzlich anderes sind als die äußere Welt selbst. In der kindlichen und auch der späteren Entwicklung unserer Vorstellungen sind diese einfach die Welt. Das ist die natürliche, naive Sicht, und wir werden noch sehen, dass diese naive Sicht ein hohes Maß an Berechtigung hat. Im Gegensatz dazu ist die bisher dargestellte und auch noch weiterzuführende Analyse im Grunde das Ergebnis eines „Sündenfalls" der Erkenntnis einer grundlegenden Trennung zwischen meiner Vorstellungswelt und der äußeren Welt.

Seit dem Beginn des Kapitels *Die äußere Welt* hat sich allerdings ein Schönheitsfehler in meine Überlegungen eingeschlichen und ich sehe nicht genau, ob es nur ein Schönheitsfehler ist. Durch den Willensbefehl an meine Organe kann ich aus der inneren Welt in die äußere hinauswirken. Nach dem Analogieschluss auf andere Menschen und dem Prinzip der Kommunikation sehe ich jetzt eine Wechselwirkung zwischen der äußeren Welt und meiner Geisteswelt. Das Prinzip des Ausgangspunktes, nämlich die fundamentale Trennung zwischen diesen beiden Welten, wird dabei etwas unscharf und ich muss schon sehr nachdenken, um zu erkennen, dass dadurch in meiner inneren Welt kein Wissen über die äußere Welt entsteht.

GEDÄCHTNIS, BEGRIFFE UND GRUNDLAGEN DER SPRACHE

Ich muss jetzt auf einen Punkt kommen, den ich bisher einfach vorausgesetzt habe, der aber eine genauere Überlegung erfordert. Ich habe angenommen, dass die Fähigkeit, Vorstellungen im Gedächtnis abzuspeichern, zu meiner Grundausstattung gehört. Ich habe aber die Frage, was da eigentlich abgespeichert wird, nicht berücksichtigt. Das ist aber keineswegs trivial. Um Missverständnisse zu vermeiden, muss ausdrücklich erwähnt werden, dass es mir hier nur um die Gedächtnisinhalte geht, die mir bewusst sind oder jedenfalls bewusst sein können. Die Hirnforscher und Gedächtnispsychologen sagen uns, dass die Menge nicht bewusster Gedächtnisinhalte weitaus größer ist.

Martin Korte weist darauf hin, dass die Menge der bewussten Gedächtnisinhalte nur ein kleiner Bruchteil dessen ist, was unser Hirn abspeichert.[18] *Dabei zeigt er auf, dass der Unterschied zwischen bewussten und nicht bewussten Inhalten kein grundsätzlicher, sondern ein gradueller ist. Werden bewusste Vorgänge häufig betätigt, so werden sie automatisiert, und das bedeutet nicht nur, dass die beteiligten Hirnstrukturen so modifiziert werden, dass diese Vorgänge schneller und ökonomischer ablaufen, sondern auch, dass das, was ursprünglich bewusst ausgeführt wurde, dem Bewusstsein entzogen wird.*

Dieser Vorgang ist bestens bekannt bei Bewegungsabläufen, aber vermutlich spielt er auch bei rein gedanklichen Vorgängen und der Abspeicherung komplexer, aber häufig benutzter Begriffe eine Rolle. Als Beispiel waren bereits oben die Raumvorstellungen genannt worden.

Gedächtnisinhalte, Datenreduktion und verschiedene Gedächtnisformen

Betrachte ich die gesamte Vorstellungshierarchie und die Art unterschiedlicher Vorstellungen, so scheint für alle bewussten Inhalte klar, dass sie irgendwie in einem Gedächtnis abgespeichert werden können. Bereits meine Introspektion zeigt mir, dass allein die schiere Menge der von meinen Sinnen übermittelten Signale, visuell, akustisch, somatosensorisch ... riesig ist. Meine Erfahrung ist, dass nur von einem ganz kleinen Teil der sinnlich übermittelten Information primitive Vorstellungen gebildet werden, dass wiederum ein ganz kleiner Teil davon tatsächlich abgespeichert wird und ein noch viel kleinerer auf längere Dauer abrufbar ist. Bilder und Geräusche umgeben mich ständig und wechseln in Bruchteilen von Sekunden. Doch wenn ich versuche, aus dem Gedächtnis abzurufen, was ich heute alles gesehen habe, so kommen nur einige wenige Bilder zum Vorschein. Und wenn ich diese wenigen Bilder genauer untersuchen möchte, so ist nicht mehr viel davon vorhanden. Von dem ständigen Strom an visuellen Informationen, den mir meine Augen liefern, wird bereits in der aktuellen Situation des Sehens nur ein winziger Bruchteil bewusst und davon ist am Ende des Tages nur ein weitaus kleinerer Teil übrig geblieben. Die riesige Datenmenge ist gefiltert und reduziert worden. Ebenso ist es mit akustischen, olfaktorischen, geschmacklichen, somatosensorischen Informationen. Die psychologische Gedächtnisforschung und die Hirnforschung bestätigen meinen unmittelbaren Eindruck.

Was wird von diesen sinnesnahen Vorstellungen gespeichert? Ich stelle diese Frage hier nicht im Sinne der Hirnforschung, sondern ganz primitiv: Was kommt zurück, wenn ich mich erinnere? Visuelle Vorstellungen kommen als innere Bilder zurück, akustische als ein inneres Wiederhören des Erlebten. Wenn ich an das Alpenpanorama denke, das ich vorige Woche gesehen habe, dann habe ich ein Bild vor mir, doch wenn ich versuche, dieses Bild genauer anzusehen, versagt das Gedächtnis. Ja, an die Zugspitze kann ich mich erinnern, aber habe ich die Benediktenwand wirklich bewusst gesehen und wie sah sie aus? Lag da noch Schnee? Weiß ich nicht. Wenn ich mir die Anfangstakte von Mozarts Streichquintett g-Moll ins Gedächtnis rufe, kommt sofort ein klanglicher Ablauf an. Aber was daran war die Bratsche? Oder die zweite Geige? Ja, doch, zu Anfang führt eine Geige, bei der Wiederholung des Themas führt die Bratsche. Mehr weiß ich nicht.

Fest steht in beiden Fällen: Es ist etwas da, was ich von diesen beiden Erlebnissen im Gedächtnis habe, und ich kann es eindeutig zuordnen. Zum Aufbau meiner Vorstellungshierarchie haben diese Eindrücke wenig beigetragen, aber sie waren bemerkenswert genug, um sie abzuspeichern, und sie wurden offenbar so gespeichert, dass sie zum Teil etwa so wie erlebt wieder hervorgerufen werden können, doch der größte Teil des ursprünglichen sinnlichen Eindrucks fehlt und ist der Datenreduktion zum Opfer gefallen.

Es gibt aber in meinem Gedächtnis auch Inhalte, die sich auf komplexe Ereignisse beziehen. In meiner Kindheit gab es beispielsweise eine Situation, in der mir meine Mutter am Fenster gezeigt hat, wie schön ein Gewitter ist, wenn man in Sicherheit ist. Diese Erinnerung ist mit einem Bild von unserem damaligen Wohnzimmerfenster, dem Regen und den Blitzen draußen und ihrem Ohrensessel verknüpft, auf dessen Armlehne ich wohl saß, geht aber darüber hinaus und umfasst die damalige Stimmung, das unbedingte Vertrauen, das ich spürte. Diese Situation ist sehr komplex, aber trotzdem in ihrer Gesamtheit abrufbar.

Die Gedächtnis- und Hirnforscher haben festgestellt, dass derartige Erinnerungen im Hirn keineswegs einheitlich abgespeichert werden, sondern getrennt nach den betreffenden Sinneseindrücken und anderen Zusammenhängen. Sie bezeichnen diese Gedächtnisformen zum Beispiel als visuelles, akustisches, semantisches, autobiographisches Gedächtnis. Sie haben sogar recht genau die Hirnregionen identifiziert, in denen sie abgelegt werden. Und sie kennen noch eine Reihe weiterer Unter- und Sonderformen des Gedächtnisses. Bei der Erinnerung werden diese Teilinformationen zu dem komplexen Gesamtbild des Erlebnisses wieder zusammengesetzt, rekonstruiert.[19]

Wenn ich jetzt aber zur Vorstellungshierarchie zurückgehe und mich frage: Wie wurde denn zum Beispiel ein abstrakter Begriff wie „das Wetter" gespeichert? Was kommt bei der Wiedererinnerung an? Es ist kein Bild. Es ist auch kein Erlebnis. Was ist es denn?

Speicherung von Vorstellungen und Begriffen im Gedächtnis

Eines ist klar: Der oben geschilderte hierarchische Aufbau von Vorstellungen und Begriffen ist ohne ein Gedächtnis überhaupt nicht möglich. Es ist undenkbar, Tausende von hochkomplexen Vorstellungen ständig im Bewusstsein zu haben. Sie müssen in einem „Archiv" abgelegt sein, aus dem sie aber bei Bedarf, zum Beispiel zur weiteren Verknüpfung, jederzeit wieder hervorgeholt werden können. Das beantwortet noch nicht die Frage: Was wird im Archiv abgelegt und wie greifen wir darauf zu? Ich meine diese Frage jetzt nicht hirnphysiologisch (wo diese Frage bekanntlich auch noch nicht vollständig beantwortet ist), sondern wie es sich mir in meinem Geiste darstellt.

Nehmen wir die Vorstellungen eines Dings, zum Beispiel eines grünen Balls. Hier kann ich vermutlich einfach das optisch erfahrene Bild abspeichern. Dazu kommen vielleicht noch einige andere Eigenschaften, die ich direkt erfahre, das Rollen des Balls und die Vorstellung, wie er sich anfühlt.

Doch schon in der nächsten Hierarchiestufe wird es schwierig: Wenn ich aus dem roten, dem grünen, dem großen, dem kleinen Ball ... durch Verknüpfung die begriffliche Vorstellung „Ball" gebildet habe, versagt die Abspeicherung eines optischen Bildes. Meine Begriffshierarchien sind aber noch weitaus komplexer. Wenn ich jetzt den Begriff einer höheren Hierarchiestufe wie „das Wetter" aus dem Gedächtnis holen will, müsste ich folglich den ganzen zugrundeliegenden hierarchischen Unterbau ins Bewusstsein holen, und damit stehe ich wieder vor der oben erwähnten Unmöglichkeit, eine riesige Zahl von Vorstellungen ins Bewusstsein zu bringen. Es muss also irgendwelche Kurzformen geben, die mir einen Begriff repräsentieren, ohne dass ich dafür sämtliche Vorstellungen der untergeordneten Hierarchiestufen brauche. Anders ist eine Handhabung komplexer Begriffe nicht denkbar.

Worte als Kurzformen für Begriffe

Ich frage mich also: Welche Kurzformen von Begriffen finde ich in meinem Geist vor? Die Antwort kommt sofort: Es sind Worte. Was ist denn ein Wort? Es ist einerseits eine Handlungsvorschrift an meine lautbildenden Organe, andererseits eine primitive akustische Vorstellung des entstehenden Lauts. Diese primitive Vorstellung kann sicher im Gedächtnis gespeichert werden, doch ergibt das keinen Sinn, solange ich mich als isoliertes Wesen betrachte. Warum sollte ich das, was ich als Vorstellung oder Begriff in meinem Gedächtnis ablege, mit etwas verknüpfen, das eine Handlungsvorschrift für meine schallbildenden Organe ist, die in die äußere Welt hinauswirken? Hatte ich nicht die äußere Welt in meinem gedanklichen Aufbau der Geistesentwicklung weitgehend eliminiert? Jetzt stellt sich heraus, dass das nicht geht. Die Tatsache, dass ich Worte als Kurzform für Begriffe verwende, lässt sich nur durch die Kommunikation, vor allem in der kindlichen Entwicklung erklären.

Die Doppelfunktion von Worten in der kindlichen Entwicklung

Ich will die Entstehung von Worten durch ein Beispiel erläutern. Ein Kleinkind von ca. 9 Monaten sieht einen Hund und klassiert ihn durch Gesten als bemerkenswert. Erwachsene nehmen das auf, zeigen auf den Hund und sprechen das Wort „Wauwau". Das Kind gebraucht dieses Wort in der Folge als Kurzform für gesehene Hunde, aber auch für Katzen oder andere Tiere. Spätestens wenn das Kind auch ein Auto als Wauwau bezeichnet, wird klar, dass „Wauwau" für das Kind die Begriffsbezeichnung für sich selbst bewegende Dinge ist. Doch dem Kind geht es nicht um eine systematische gedankliche Einordnung eines Begriffs, sondern darum, durch Ausdruck auf etwas aufmerksam zu machen. Es geht um Kommunikation.

Hier wird klar, was der gedankliche Aufbau der Vorstellungshierarchie allein nicht liefern kann: Das Wort als Kurzform für einen Begriff wird simultan als Ausdrucksform und als Code für das, was im Gedächtnis abgespeichert wird, verwendet. Die kindliche Entwicklung zeigt auf, dass die Begriffsentstehung von Anfang an mit der Kommunikation verbunden ist und so abläuft, dass gedankliche Inhalte, Vorstellungen und Begriffe kommuniziert werden können. Worte haben eine Doppelfunktion, eine kommunikative und eine systematische. Die systematische dient als Handhabe zum Speichern und Abruf von Erinnerungen. Die kommunikative aber ist diejenige, die zu Vereinbarungen führt, was unter einem Wort verstanden werden soll. Sie führt direkt in die Semantik und den Aufbau einer Sprache hinein. Auch diese ist auf ein Gedächtnis angewiesen, in dem die Bedeutung der Worte abgelegt ist. Für dieses semantische Gedächtnis können die Hirnforscher eine Hirnregion angeben. Es wird ergänzt durch spezielle Regionen, die sich mit Regeln zur Verknüpfung von Worten, also der Sprache befassen. Mehr dazu im Abschnitt *Kommunikation*.[20]

Sprache als Voraussetzung des Denkens

Jetzt wird auch klar, warum über Jahrhunderte philosophischen Denkens die Sprache als Voraussetzung des Denkens angesehen wurde. In der Analyse von mir als isoliertem Wesen war das nicht zu erkennen. Das Verknüpfen von Vorstellungen, das ich als Denken bezeichnet habe, ist nicht an Sprache gebunden.

Doch wie ich bereits feststellte, setzt auch die reine Verknüpfung von Vorstellungen und Begriffen voraus, dass sie in handhabbarer Weise aus dem Archiv des Gedächtnisses abgerufen werden können. Dazu ist ein Abrufcode, eine Bibliothekssignatur erforderlich und als solche wurden aus Gründen der kindlichen Entwicklung und der Kommunikation Worte eingeführt.

In diesem Sinne verknüpfen wir durch unser Denken also nicht nur Vorstellungen und Begriffe, sondern auch Worte, die gleichzeitig sprachlichen Vereinbarungen unterliegen. Vielleicht ist es eine gedankliche Ungenauigkeit, wenn wir behaupten, wir denken in Sprache, daher sei diese Voraussetzung zum Denken. Wie es aber zu dieser Behauptung kommt, wird jetzt klar. Sie entspringt einer Top-down-Betrachtung des Denkens. In meinen Gedanken habe ich aber eine Bottom-up-Analyse vorgenommen und da ist das Denken ein Elementarvorgang, der nicht auf Worte angewiesen ist. Erst der höhere Aufbau der Vorstellungshierarchie macht die Worte in ihrer Doppelfunktion notwendig.

Es ist selbstverständlich, dass ein Wort als Kurzform zur Speicherung eines Begriffs bei Vorstellungen, die eine größere Höhe im hierarchischen Aufbau der Vorstellungen haben, nicht sämtliche Einzelheiten dieses Begriffs übermitteln kann. Wenn ich zum Beispiel einen Begriff mit dem Codewort „Wetter" zur weiteren Bearbeitung in mein Arbeitsgedächtnis rufe oder in der Kommunikation diesen Begriff bei einem anderen mithilfe dieses gesprochenen Wortes evozieren möchte, so ist damit noch gar nichts über die Vielzahl verknüpfter Unterbegriffe wie „Regen", „Wind", „Kälte", „Luftdruck" ... ausgesagt. Wenn ich speziell einen dieser Unterbegriffe betrachten will, muss ich entsprechend in der Vorstellungshierarchie abwärts gehen. Das Wort „Wetter" hat nur eine Wolke von Unterbegriffen aktualisiert. Wenn ich jetzt sage: „Das Wetter ist schlecht", so ist das nur eine generelle Wertung der aktuellen Auswahl von Unterbegriffen, aber ob damit Regen, Sturm, Hagel, Nebel ... gemeint ist, muss im Bedarfsfall genauer mit den entsprechenden Worten spezifiziert werden.

KOMMUNIKATION

Die Rolle der Kommunikation in der geistigen Entwicklung ist mit den Ergebnissen des letzten Abschnitts bei Weitem nicht ausgeschöpft. Ich muss hier noch weiter ausholen.

Nachahmung als Vorläufer der Kommunikation

Nachahmung bei Kleinkindern ist ein Vorläufer der Kommunikation. Das Verhalten Erwachsener wird als Mitteilung aufgefasst, das Kleinkind antwortet, indem es nachahmt und so zeigt, dass es die Mitteilung verstanden hat. Vermutlich wird aber bereits in diesem Stadium eine echte Kommunikation versucht, die wir Erwachsenen nur nicht verstehen. So kann das Schreien eines Babys, aber auch sein Lächeln als ein Element der Kommunikation aufgefasst werden. Was fehlt, ist eine Übereinkunft über die kommunikativen Mittel.

Kommunikation kann mit den verschiedensten Mitteln geschehen, mit gesprochenem Wort, mit geschriebenem Wort, mit Zeichensprache, mit Gesten oder Mimik. Alle diese Mittel sind im kommunikativen Sinne Sprache. In manchen Fällen geschieht Kommunikation spontan ohne explizite Übereinkunft, speziell die Kommunikation durch Gesten kann so ablaufen. Doch in den meisten Fällen liegt der Kommunikation eine Übereinkunft über die verwendete Sprache zugrunde. Dass auch die Verständigung durch Gesten weitgehend auf Vereinbarungen beruht, kann man zum Beispiel daran erkennen, dass manche Gesten, deren Bedeutung wir in Mitteleuropa als selbstverständlich ansehen, in ferneren Ländern eine ganz andere Bedeutung haben.

Sprachentstehung in der Evolution ist sicher ein langer Prozess durch viele Generationen, in den viele Individuen in abgeschlossenen Gruppen eingebunden sind. Da es in frühen Zeiten der menschlichen Kulturentwicklung sehr viele verschiedene Gruppen ohne nennenswerten gegenseitigen Austausch gab, entstand auch eine Vielzahl von Sprachen und sprachlichen Vereinbarungen.

Wie eine solche Vereinbarung zustande kommen kann, wurde an dem Beispiel mit dem Wort „Wauwau" für bewegte Dinge im vorigen Abschnitt skizziert. Das Kind hat dabei einen eigenen Vorschlag für eine sprachliche Übereinkunft vorgelegt, indem es den primären Anstoß von Erwachsenen uminterpretiert hat. Die kindliche Entwicklung aber gibt uns Hinweise darauf, dass es auch andere Quellen von Sprache gibt. Kinder erfinden nämlich immer eigene Worte, die aber im Laufe der Zeit meist fallengelassen werden zugunsten einer vordefinierten Sprache, und zwar der, die von den Bezugspersonen, also meist den Eltern, gesprochen wird. Daher das Wort Muttersprache. Die Frage, wie ursprünglich sprachliche Übereinkünfte überhaupt entstehen konnten und nach welchen Regeln sie sich weiterentwickeln, ist eine Aufgabe für ganze wissenschaftliche Disziplinen. Für meine Analyse reicht es, dass solche Übereinkünfte existieren.

Sprachstruktur, Denken und Kommunikation

Teil einer Sprache sind logische und grammatische Strukturen, die für eine Sprache unerlässlich sind und die wichtig sind, damit die Kommunikation nicht in Missverständnissen endet. Doch niemand, der Sprachen im täglichen Umgang benutzt, macht sich darüber wirklich Gedanken, und auch ich werde das hier nicht tun.

In der Regel werden wir uns darauf verständigen, eine bestimmte Sprache zu benutzen, zum Beispiel die deutsche, englische, französische, lateinische ... Die Sprache selbst wird als bekannt vorausgesetzt. Es gibt Spezialsprachen für spezielle Zwecke. Die meisten sind Variationen einer Umgangssprache mit Worten für spezielle Begriffe, die nur in dem aktuellen Zusammenhang eine Bedeutung haben. Es gibt aber eine Spezialsprache, deren Bedeutung sehr weitreichend ist und der ich deshalb weiter unten einen eigenen Abschnitt widme. Ich meine die Formelsprache der Mathematik.

Jetzt möchte ich Fragen der Sprache mit den obigen Überlegungen zum Denken und den Vorstellungen in meinem Geist in Verbindung bringen. Sprachen bestehen im Allgemeinen aus Sätzen, die nach bestimmten Regeln aufgebaut sind und die dazu dienen, das Verknüpfen von Vorstellungen – und das ist nach den anfangs getroffenen sprachlichen Vereinbarungen mein Denken – zum Ausdruck zu bringen. Der Satz: „Ich sehe einen Ball" drückt die Verknüpfung zwischen drei Vorstellungen aus. Die erste ist die Vorstellung von mir als Individuum, die zweite ist die Vorstellung, was Sehen bedeutet, und die dritte ist die Vorstellung eines Balls. Diese Verknüpfung und damit den Denkvorgang kann ich mit diesem Satz kommunizieren. Die Syntax des Satzes bildet den Denkvorgang in der Kommunikation ab.

Damit dieser Satz in der Kommunikation einen Sinn hat, muss der andere Mensch ebenfalls diese drei Vorstellungen entwickelt haben. Dabei bleibt aber grundsätzlich offen, wieweit bei diesen Begriffen die Analogie reicht. Oft zeigt die Kommunikation, dass diese Begriffe vorhanden oder zumindest ähnlich sind. Ist das nicht der Fall, wird die Kommunikation scheitern oder zu einer Begriffsklärung führen. Wenn der andere den Begriff „Ball" nicht kennt, kann die Reaktion kommen: „Was ist ein Ball?" Wenn ich einen von einem anderen genannten Begriff nicht kenne, werde ich in mir einen neuen Begriff formen, von dem ich annehme, er sei dem mir genannten gleich oder wenigstens sehr ähnlich.

Die Kommunikation lehrt mich oft genug, dass die begriffliche Bedeutung der Worte anderer nicht genau mit meiner Bedeutung übereinstimmt. Im Grunde bleibt mir immer verborgen, was andere Menschen unter ihren Begriffen verstehen. Sehr klar erkennt man das an dem klassischen Beispiel der Farben: Ich werde niemals wissen, wie die Farbe Grün eines anderen Menschen aussieht. Auch wenn der oben geschilderte Analogieschluss von mir mit Selbstverständlichkeit benutzt wird und wenn in der Kommunikation völlige Einigkeit darüber herrscht, dass die Ampel grün ist, so zeigt sich doch die Grenze dieses Analogieschlusses, wenn mein türkisgrüner Pullover von mir als grün, von meiner Frau aber als blau bezeichnet wird. Selbst, wenn wir uns auf eine bestimmte Sprache einigen, stellen wir fest, dass kein Mensch ein und dieselbe Sprache exakt so versteht wie ein anderer.

Dass die Entstehung und Entwicklung von Worten und Wortbe-
deutungen ein äußerst verwickelter und kulturabhängiger Prozess
ist, haben Hofstadter und Sander in ihrem Buch „Die Analogie" in
großer Breite dargestellt.[21] *Der weite Weg vom Wort zur Sprache*
wird sehr gut zusammenfassend beschrieben bei Bertrand Russell.[22]

Geistige Entwicklung und Erziehung

Ich war auf andere Menschen durch einen Analogieschluss gekommen. Dass aber die anderen für mich eine weit größere Bedeutung haben, als aus diesem Analogieschluss hervorgeht, hat sich in den letzten Abschnitten gezeigt: Viele Vorstellungen baue ich nur deshalb in meinem Geist auf, weil sie mir durch die Kommunikation nahegelegt werden. Ohne Kommunikation wäre ich nur auf das angewiesen, was ich aus mir selbst erdenken kann, und das ist herzlich wenig.

Um das zu zeigen, greife ich zurück auf die Kindesentwicklung: Wir wissen, dass Kleinkinder, die weitgehend ohne Kommunikationsmöglichkeit aufwachsen, in ihrer Entwicklung dramatisch zurückbleiben oder sogar sterben. Verknüpfung von Vorstellungen, also Denkprozesse, die ich allein aus eigenen Mitteln aufbaue, sind wichtig, denn es sind vermutlich diejenigen, die meine persönliche Eigenart ausmachen und mich von anderen unterscheiden. Doch entstehen sie viel mühevoller als diejenigen, die durch die Kommunikation nahegelegt, mir also mehr oder weniger fertig zum Nachvollziehen übermittelt werden.

Die rein natürliche Entwicklung des Neugeborenen, die sich nur aus zwei Quellen speist, nämlich aus a priori vorhandenen Antrieben und Fähigkeiten und den Sinneserfahrungen, muss in der Regel bereits sehr früh im ersten Lebensjahr einer mehr oder weniger zielbewussten kommunikativen Erziehung weichen. Es ist der Erziehungsprozess, durch den mir die meisten der in der Jugend aufgebauten gedanklichen Verknüpfungen von Vorstellungen vorexerziert und zum Nachvollziehen nahegelegt werden. Wie wir sehen, ist die Kommunikation dafür erforderlich, mein Gebäude an Vorstellungen auf die Höhe zu treiben, die ich erlebe. Umfassende Gebiete des Geisteslebens sind ohne Kommunikation völlig undenkbar.

Festzuhalten aber ist dabei stets: Alle Vorstellungen in meinem Geist, auch diejenigen, die ich nur aufgrund kommunikativer Anregungen aufbaue, muss ich erst dadurch in meinem Geist entstehen lassen, dass ich vorhandene Vorstellungen durch mein Denken verknüpfe. Es gibt in meinem Geist keine Vorstellung, die ich nicht selbst aufgebaut habe. Diese Überlegung hat auch ihr Äquivalent in der Hirnforschung. Es gibt im Gehirn „vorverdrahtete" Inhalte, die zur Grundausstattung gehören. Was aber nicht zur Grundausstattung gehört, muss ja irgendwie in mein Gehirn hineinkommen, solange es keinen Nürnberger Trichter gibt. Ich muss die entsprechenden synaptischen Verbindungen in meinem Gehirn knüpfen, und zwar ausnahmslos.

Wieweit die Vorstellungen, die ich in meinem Geiste aufbaue, kongruent sind mit den Vorstellungen, die jemand anders in seinem Geiste aufgebaut hat, kann ich nie mit voller Sicherheit sagen. Doch die Kommunikation und die gedankliche Struktur der Inhalte gibt mir dazu Hinweise. So kann ich vermuten, dass zum Beispiel in der Mathematik weitgehende Kongruenz herrscht, weil die gedankliche Struktur nicht viel Freiheit lässt. Es gibt aber auch Bereiche, in denen die Kongruenz sicher nur begrenzt besteht. Ich denke zum Beispiel an alles, was wir unter dem Begriff der Kunst verstehen. Insbesondere lässt sich so verstehen, dass ein Kunsterlebnis so etwas wie eine weitgehend freie Neuschaffung des Kunstwerks in meinem Geist bedeutet. Jeder kann etwas anderes schaffen und tut dies auch.

Selbstverständlich wirkt sich die Kommunikation auch auf die oben besprochene Dynamik der Vorstellungshierarchie aus. Erziehung ist ein Vorgang, der nur im Zusammenhang mit der Kommunikation denkbar ist und der nur zum kleineren Teil aus dem Aufbau völlig neuer Vorstellungen und Begriffe besteht. Der weitaus größte Teil betrifft die dynamische Modifikation auf allen Ebenen der Vorstellungshierarchie.

UNIVERSALIEN

In diesem Zusammenhang möchte ich das Universalien-Problem erwähnen, das Philosophen durch Jahrtausende beschäftigt hat.

Ideen als Prototypen von Begriffen

Dass viele verschiedene Menschen Vorstellungen und Begriffe haben, die, wie die Kommunikation uns lehrt, gleich oder mindestens ähnlich sind, führte die Philosophie zu dem Gedanken, es müsse dazu a priori vorhandene Ideen geben, die nicht vom Individuum abhängen und die man nur „entdecken" müsste.

Das Musterbeispiel derartiger Universalien lieferte Plato mit seiner Ideenlehre und dieses Thema zieht sich mit Variationen durch die gesamte Philosophiegeschichte bis heute.

Meine Gedanken dazu hängen davon ab, was ich unter diesen Ideen verstehe. Verstehe ich unter diesen Ideen etwas Vorgeprägtes, mit dem man nur noch in Verbindung treten muss, so müssten sie von einem Menschen zum anderen gleich sein, und das ist mindestens fraglich. Auch stellt sich dann die Frage, wie wir mit diesen Ideen in Verbindung treten können. Wo sind sie? Da sie den entsprechenden Sinneserfahrungen oder Denkvorgängen vorausgehen, müssten sie entweder angeboren sein und daher der äußeren Welt angehören, oder in einer eigenen Ideenwelt vorliegen, was jedoch meiner sprachlichen Definition der äußeren Welt widerspricht. Wären sie angeboren, dann müssten notwendig sämtliche denkbaren Ideen aller Dinge und Begriffe a priori in uns sein, ganz unabhängig davon, ob sie jemals in unserer Erfahrungswelt auftauchen, und außerdem in identischer Weise auch bei allen anderen. Das sind ziemlich viele Ungereimtheiten. So geht es also nicht.

Verstehe ich unter Ideen aber gedankliche Verknüpfungen von Vorstellungen, auf die ich komme und zu der zufolge meiner Hypothese vom Analogieschluss auch andere in vergleichbarer Weise kommen können, weil ihre Denkmaschine analog zu meiner konstruiert ist, oder sind es Verknüpfungen, die mir durch Kommunikation nahegelegt werden und die ich ähnlich nachvollziehe, so sind diese Ideen nur eine relativ triviale Konsequenz der Analogiehypothese. Ich habe bereits betont, dass nach meinen Überlegungen meine Vorstellungen und Begriffe in mir neu und für mich erstmalig entstehen. Entweder habe ich durch Kommunikation die Anregung dazu bekommen oder ich entwickle den Begriff in mir originär. Ich denke, dass es bei jedem anderen ebenso ist. Erst wenn ich die entsprechenden Verknüpfungen vorgenommen habe (was ein physischer Vorgang in der Hardware der Neuronen meines Gehirns ist), erst dann habe ich diese Vorstellungen wirklich und für mich eben erstmalig aufgebaut. Es geht jedoch in keinem Fall um „Entdeckung" vorhandener Universalien.

Mathematik

Zu den Gedanken über Universalien gehört auch vieles, was im Laufe von Jahrtausenden von Philosophen über die Mathematik gedacht worden ist. Man hat sie als eine a priori gegebene Struktur angesehen, die man entdecken kann, die aber unabhängig von den darüber nachdenkenden Menschen existiert.[23] Diese Gedanken sind speziell in der Mathematik dadurch nahegelegt, dass ihre Regeln anscheinend weitgehend kongruent bei mir und bei anderen aufgebaut werden, vermutlich, weil unsere logische Grundausstattung keine wesentlichen Variationen zulässt. Ich bestreite aber, dass eine Mathematik, die noch nicht gedacht worden ist, eine eigene Existenz hat.

Ich sehe in der Mathematik zweierlei: erstens eine Methode, die ursprünglichen Verknüpfungsoperationen unseres Geistes in sehr machtvoller Weise zu erweitern, zweitens eine sehr effiziente und eindeutige sprachliche Darstellung dieser Verknüpfungen.

Mathematik beruht wie meine gesamte geistige Tätigkeit auf Vorstellungen. Da sind zum Beispiel die Vorstellungen von Zahlen. Zahlen entstehen in ihrer einfachsten Form als Abstraktionen von wahrgenommen Dingen. Erkenne ich in der Außenwelt ein Ding und noch ein Ding, so kann ich diese Tatsache unabhängig davon, was für Dinge es sind, in dem abstrakten Begriff „Zwei" davon loslösen. Kommt noch ein Ding hinzu, so entsteht der Begriff „Drei". Die Mathematik als Sprache formuliert hier einfach: $2 + 1 = 3$. Das lässt sich zwar immer weiter so fortsetzen, doch so weit ich auch mit dieser Art der Zahlenbildung fortschreite, immer werde ich feststellen, dass ich noch ein weiteres Ding, eine weitere Einheit hinzufügen kann. Ich werde nicht fertig. Ein höherer Abstraktionsvorgang wird notwendig, bei dem die Dinge entfallen, und er führt zu der Feststellung: Wenn zu einer Zahl eins dazu kommt, entsteht eine neue Zahl: $n + 1 = m$. Man erkennt die Notwendigkeit, für die Bildung dieser Begriffe ein Zahlensystem aufzubauen.

Die verknüpfenden Operationen „Gleichheit", „Größer", „Kleiner" und einige weitere sind vielleicht bereits in der Grundausstattung vorhanden. In der Mathematik entstehen neue Verknüpfungen wie Addition und Subtraktion, Multiplikation durch wiederholte Addition, die Potenz als wiederholte Multiplikation und viele weitaus komplexere. Alle diese Verknüpfungen und ihre Regeln muss ich in mir neu aufbauen. Zwar hilft die Tatsache, dass andere sie bereits vorher gedacht haben und mir per Kommunikation übermitteln können. Dann kann ich versuchen, sie gedanklich nachzuvollziehen, kann sie aber auch einfach als Regeln unverstanden übernehmen.

Wesentlich ist mir, dass der Beginn der Mathematik in unserer Alltagswelt und den zugeordneten Vorstellungen liegt. Zwar kann ich auch in völliger Abstraktion von bestimmten Axiomen ausgehen und aus den Verknüpfungsoperationen, die mir zur Verfügung stehen, eine Mathematik entwickeln. Die Berufsmathematiker tun aus systematischen Gründen genau das, eine Arbeitsweise, die in engem Zusammenhang mit der Logik in der Philosophie steht. Ich bestreite aber, dass Mathematik so angefangen haben kann. Ein Mensch, der keinerlei Vorstellungen von Zahlen oder anderen mathematischen Begriffen hat, wird weder auf Axiome kommen, die zum Aufbau einer Mathematik dienen können, noch Anlass haben, das zu versuchen.

Ich sehe auch bei komplexeren mathematischen Überlegungen den Ausgangspunkt regelmäßig in der äußeren Welt und Vorstellungen, die sich aus der äußeren Welt ableiten. Um ein Beispiel aus der Geometrie anzuführen: Es ist zwar richtig, dass es in der äußeren Welt das, was die Geometrie als eine Gerade, als ein Dreieck, als einen Kreis bezeichnet, nicht exakt gibt. Es gibt aber die Möglichkeit, die Eigenschaften von Geraden, Dreiecken oder Kreisen von Dingen der äußeren Welt abzuleiten und zu abstrahieren. Selbst bei Trigonometrie, Funktionen, Infinitesimalrechnung usw. sehe ich das nicht anders. Höchstens manche Formalismen der Algebra könnten rein logisch und weitgehend unabhängig von der äußeren Welt entstanden sein.

Es geht also auch hier nicht um echte Universalien, sondern darum, aus der Umwelt und der Kommunikation die Anregungen zu entnehmen, mit denen wir eine Mathematik aufbauen und in unsere Vorstellungswelt einfügen können.

Die Formelsprache der Mathematik

Die Formelsprache der Mathematik ist eine eigenständige Sprache im gleichen Sinne wie die deutsche Sprache oder die lateinische, die vollkommen unterschiedliche Ausdrücke verwenden, aber weitgehend äquivalente Ausdrucksmöglichkeiten bieten. Das, was die Mathematik aussagt, lässt sich prinzipiell auch in jeder Umgangssprache zum Ausdruck bringen, wenn auch umständlich. Die mathematische Formelsprache ist aber ein hochentwickeltes System von symbolischen Formen und einer zugehörigen Syntax, die dem Kundigen eine sehr effiziente Kommunikation über komplexe Inhalte ermöglicht. Sie hat Formalismen entwickelt, die aus schwerfälligen Sätzen der Umgangssprache knappe und eindeutige mathematische Sätze machen.

Ihre eigentliche Macht entfaltet sie aber, weil ihre sprachliche Syntax die Verknüpfungsoperationen des Denkens streng abbildet. Daher ergibt sich die Möglichkeit, rein formal aus vorliegenden Sätzen neue Satzaussagen zu „errechnen". Zum Beispiel entsprechen die Definitionen für Geschwindigkeit und Beschleunigung dem Inhalt der Sätze $v = s/t$ und $b = v/t$ (mit s = Strecke, v = Geschwindigkeit, b = Beschleunigung und t = Zeit). Sie lassen sich auch mit umgangssprachlichen Mitteln ausdrücken, wenn auch etwas umständlich. Daraus aber mit dem Formalismus der Integralrechnung einen neuen Satz abzuleiten, der $s = b/2 * t^2$ lautet und eine nicht auf Beobachtung beruhende Hypothese über die Beziehung von Strecke, Beschleunigung und Zeit darstellt, in der die Geschwindigkeit nicht mehr vorkommt, das ist der Mathematik vorbehalten. Es ist eine unter anderem durch Galileis Versuche bewährte Hypothese.

NATURWISSENSCHAFTEN

Der Antrieb für die Naturwissenschaften

Wie oben dargestellt, gibt es Gefühle von Lust und Unlust. Ich betrachte sie hier im weitesten Sinne. Die einen möchte ich wiederholen, die anderen aber vermeiden. Dafür möchte ich die Vorgänge in der äußeren Welt in diesem Sinne beeinflussen. Dass das grundsätzlich möglich sein könnte, entnehme ich der oben beschriebenen Tatsache, dass meine Willensbefehle Veränderungen in der äußeren Welt bewirken. Dazu muss ich aber wissen, wie die äußere Welt „funktioniert". Das ist der erste Antrieb für die Naturwissenschaften als Voraussetzung eines zweckgerichteten Denkens.

Ein weiterer Antrieb entspringt der Neugier, einer Funktion, die vermutlich, wie die Beobachtung von Primaten und anderen Tieren zeigt, in unserer Grundausstattung vorhanden ist und die sich wahrscheinlich in der Evolution bewährt hat, weil sie die Möglichkeit unterstützt, lebensfördernde Bedingungen wie Nahrung zu finden.

Vorhersagen und zweckgerichtetes Denken

Um die Vorgänge in der äußeren Welt im Sinne von zweckgerichtetem Denken wirksam zu beeinflussen, muss ich Vorstellungen darüber aufbauen, welche Vorgänge in der Natur häufig oder regelmäßig mit anderen Vorgängen verbunden zu sein scheinen und wie diese Verbindung sich beschreiben lässt. Wenn ich ein solches Vorstellungssystem über die äußere Welt habe, dann kann ich vielleicht daraus schließen, was aus den Vorgängen, deren Beobachtung mir möglich ist, wahrscheinlich folgen wird. Ich kann Gefahren vermeiden und vielleicht sogar entnehmen, was ich tun muss, um die Vorgänge in der äußeren Welt so ablaufen zu lassen, dass sie mir möglichst wenig Unlusterlebnisse und möglichst viel Lusterlebnisse bereiten.

Im Grunde ist die Funktion der Neugier, des zweiten Antriebs für den Aufbau der Naturwissenschaften, nicht so sehr viel anders. Nur bleibt hier der Zweck unbewusst, denn er liegt in dem evolutionären Vorteil, den diese Funktion den Lebewesen ab einer gewissen Entwicklungsstufe gegeben hat.

Empirie und Intuition

Bevor ich auf die Naturwissenschaften eingehe, kurz ein Exkurs zu den Grenzen des empirischen Prinzips und der Intuition. Meine Fähigkeit, die Hierarchie der Vorstellungen durch Abstraktion zu erweitern, führt, wie oben erwähnt, zu Vorstellungen, die nicht auf Sinneserfahrungen aufgebaut sind. Bei diesem Vorgang spielt Empirie noch keine Rolle. Ich kann Vorstellungen „intuitiv" bzw. „spekulativ" aufbauen und mich davon überraschen lassen, ob sie in irgendeiner Beziehung zur äußeren Welt stehen. Diese Vorgänge, auf denen die Geisteswissenschaften zu großem Teil beruhen, sprengen nicht mein gedankliches System. Die „Wahrheiten" der Geisteswissenschaften – und das sind unter Umständen hochkomplexe Systeme – entstehen auf diese Weise. Ein großer Teil der Philosophie gehört dazu.

Es gibt wohl keine Wissenschaft, die ohne Intuition, d. h. Bildung von Vorstellungen allein durch gedankliche Verknüpfung unter freier Benutzung des gesamten vorher vorhandenen Materials an Vorstellungen, auskommt. Wenn es sich aber um Naturwissenschaften handelt, dann liefert die Intuition bestenfalls Hypothesen. Erst die empirische Überprüfung gibt einen Hinweis auf deren Relevanz oder Irrelevanz. Hypothesen, die zur Beobachtung im Widerspruch stehen, gelten als widerlegt. Stehen sie aber im Einklang mit Beobachtungen bzw. sagen diese richtig voraus, und das nicht nur einmal, sondern immer wieder, dann gelten sie als bewährt.

Naturwissenschaften
als Beschreibung der äußeren Welt

Der Titel dieses Abschnitts ist genau genommen falsch, denn die Naturwissenschaften beschreiben nicht wirklich die äußere Welt, sondern die Wirkungen der äußeren Welt auf unseren Geist und die in unserem Geist entstehenden Vorstellungen und deren Zusammenhänge. Nur wenn wir den hypothetischen Charakter der äußeren Welt vernachlässigen, handelt es sich um die Beschreibung der äußeren Welt. Wir möchten unsere Umwelt, die Natur, wie sie auf uns wirkt, beschreiben und vorhersagen können.

Das Vorstellungssystem der Naturwissenschaften, das im Laufe langer Zeiten entstanden ist, ist unglaublich kompliziert. Es besteht aus Beschreibungen von scheinbar regelmäßigen Zusammenhängen zwischen Vorstellungen, die ich mir von Dingen der äußeren Welt mache. Diese Beschreibungen werden sprachlich ausgedrückt, wobei unterschiedliche Wissenschaftsgebiete unterschiedliche Sprachen verwenden.

In der Physik als der Grundlage der meisten Naturwissenschaften hat sich als Beschreibungssprache die Mathematik durchgesetzt. Dabei wird die Macht der Mathematik, rein formal neue Aussagen abzuleiten, benutzt, um Hypothesen für das zu entwickeln, was man voraussichtlich beobachten wird. Stimmen Beobachtung und Hypothese überein (empirische Überprüfung der Thesen), so werden daraus einerseits Prognosen für das, was man beobachten wird, andererseits Ausgangspunkte für neue Hypothesen. Weichen Beobachtung und Hypothese ab, dann muss man im Gebäude der mathematischen Beschreibungen zurückgehen und herausfinden, wo die Abweichung ihren Ursprung hat. So ist es geschehen, als Anfang des letzten Jahrhunderts festgestellt wurde, dass die Lichtgeschwindigkeit immer gleich bleibt, unabhängig von einer Geschwindigkeit des Beobachtungssystems, und dass bei sehr hohen Geschwindigkeiten messbare Abweichungen von den nach der herrschenden Hypothese berechneten Bewegungen beobachtet wurden, die zur Korrektur der Galilei-Newtonschen Mechanik und hin zur Relativitätstheorie führten.

Die von mir hier sprachlich vernachlässigte Trennung zwischen der inneren Welt meines Geistes und der hypothetischen äußeren Welt wird von den Naturwissenschaftlern meist grundsätzlich vernachlässigt und vergessen. Damit entsteht die Aussage: „Die (äußere) Welt ist so und so." Dieser Satz ist grundsätzlich illegitim und er müsste in richtiger Weise vielleicht lauten: „Ich habe nach den Vorstellungen, die ich über die äußere Welt aufgebaut habe, die folgende vorläufige Beschreibung der Zusammenhänge zwischen diesen Vorstellungen gefunden." Das ist jetzt keine Aussage über die Welt mehr, sondern eine Aussage über Vorgänge in meinem Geist. Ich habe aber nicht vor, strenger zu sein als notwendig. Es gibt keinen Hinweis darauf, dass ich einen wesentlichen Fehler mache, wenn ich so tue, als sei die äußere Welt tatsächlich so, wie sie sich in meinem Geist darstellt. Als Arbeitsannahme hat sie sich ja bewährt, also vergesse ich den hypothetischen Charakter und lebe in dem Bewusstsein, in der Welt zu sein und sie mit meinen Sinnen direkt wahrzunehmen, statt immer daran zu denken, dass ich nur in den Vorstellungen meines Geistes lebe.

Solange ich dieses Bewusstsein auf die Dinge beschränke, die ich mit meinen Sinnen unmittelbar wahrnehmen kann, ist das meine selbstverständliche Alltagshaltung. Ich kann sogar noch diejenigen Erweiterungen meiner „nackten" Sinne hinzunehmen, die mir eine nahezu unmittelbare Wahrnehmung mancher Dinge geben. Ich denke dabei zum Beispiel an Mikroskope oder Teleskope und ähnliche Werkzeuge.

Doch die Physik hat nicht bei den unmittelbar sinnlich erfahrbaren Phänomenen Halt gemacht, sondern befasst sich auch mit „Dingen", die im Sinne der obigen Definition keine Dinge sind, weil sie unseren Sinnen nicht zugänglich sind und wir deshalb von ihnen keine dinglichen Vorstellungen entwickeln können. Nicht einmal der Begriff der Energie, einer der meist verwendeten der klassischen Physik, ist sinnlich erfahrbar. Wir haben auch keine Sinne, mit denen wir elektrische und magnetische Felder, Elektronen, Positronen, Neutronen, schwarze Löcher oder Geschwindigkeiten nahe der Lichtgeschwindigkeit unmittelbar wahrnehmen. Alles, was wir an Vorstellungen darüber entwickelt haben, haben wir gewonnen aus indirekten Beobachtungen wie dem Fluoreszieren bestimmter Kristalle oder der Ionisation von Flüssigkeiten oder Gasen, die wir selbst wiederum nur indirekt beobachten können. Hier kommt zum grundsätzlich hypothetischen Charakter der äußeren Welt noch eine oft vielstufige Hypothese über die Funktion unserer Nachweisinstrumente hinzu, wobei die einzige Beschreibung der Ergebnisse ein mathematisches Modell ist. Mir erscheint die Annahme, es könne kein wesentlicher Fehler sein, diese Modelle und Phänomene seien so etwas wie „Dinge" und in der äußeren Welt in der Tat so, wie wir sie uns denken, als eine etwas kühne Spekulation.

Praktisch die gesamte moderne Physik, begonnen von der Relativitätstheorie und der Quantenmechanik über die Physik der Elementarteilchen und der Kosmologie, befasst sich mit Begriffen, von denen die Physiker zwar sagen: „Es gibt dieses und jenes ...", während sie dabei von mathematischen Modellen sprechen, die die Beobachtungen mehr oder weniger gut beschreiben. Die mathematische Beschreibung eines Elementarteilchens sagt aber nichts über die Existenz oder Nichtexistenz eines solchen Teilchens in der äußeren Welt aus, ganz zu schweigen von Quarks und Strings mit ihren exotischen Eigenschaften. Analog dazu sind auch die Raumvorstellungen der modernen Physik, die mit höheren Dimensionen, Raumzeit und Raumkrümmung sich unserer bildlichen Vorstellung vollkommen entziehen, meiner Ansicht nach nur ein Mittel, um mögliche Beobachtungen vorherzusagen. Wir sind aber nicht berechtigt, sie als Eigenschaften des Raums „an sich" anzusehen. Es sind gedankliche Modelle, nicht mehr. Wenn bisher keine einheitliche Theorie gefunden wurde, sagt das nichts über die Einheitlichkeit der Welt.

Kausalität

Zu den Erfahrungsbeobachtungen gehört, dass Vorgänge andere Vorgänge zur Folge haben können. Dabei bleibt der eigentliche Mechanismus in der Regel verborgen. Dass der zweite Vorgang eine Folge des ersten ist, ist eine Hypothese. Dass eine Porzellantasse, die ich auf den Steinfußboden fallen lasse, häufig in Stücke zerspringt, ist die Beobachtung. Dabei kann ich aber nicht feststellen, ob das Zerspringen wirklich eine Folge des Falls ist. Ich kann nicht sehen, ob vielleicht inhärente Eigenschaften der Tasse sie zum Zerspringen gebracht haben. Die Ursache-Folge-Hypothese ist in jedem Fall nur eine Vermutung, die durchaus nicht selten widerlegt wird. Doch lässt sich dann in der Regel feststellen, dass anscheinend eine andere Ursache-Folge-Relation gültig war.

Umgekehrt beobachtet man, dass alles, was geschieht, sich auf eine Ursache zurückführen lässt. Daher liegt es nahe, auch in der umgekehrten Richtung eine Hypothese aufzustellen. Diese Beziehung zwischen Ursache und Folge wird als das Kausalgesetz bezeichnet: Für jedes Ereignis muss es eine Ursache geben oder gegeben haben. Es ist wichtig, zu sehen, dass dieses „Gesetz" als solches der Beobachtung entspringt und genau genommen kein Gesetz, sondern eine bewährte Hypothese ist. Nur durch die immer wiederholte Beobachtung ist gerechtfertigt, es als ein Gesetz zu bezeichnen. Das Kausalgesetz ist ein wichtiger Bestandteil naturwissenschaftlicher Beschreibungen.

Eine Einschränkung macht die moderne Physik hier. Die Unschärferelation, die in den mathematischen Beschreibungen von elementaren Vorgängen auftaucht, beschreibt die Tatsache, dass bestimmte Messgrößen prinzipiell nur im Rahmen einer gewissen Unschärfe gemessen werden können, welche nicht durch die Begrenzungen der Messapparatur gegeben ist. In diesem Rahmen sind die Ergebnisse zufällig und nicht kausal bestimmt. Ob das aber wirklich eine Eigenschaft der äußeren Welt ist oder ob es nur eine Eigenschaft der in der Physik gefundenen Beschreibungen ist, das lässt sich so einfach nicht beantworten, denn die Gleichsetzung der Beschreibungen mit der Wirklichkeit ist, wie oben dargelegt, illegitim. Eines ist jedenfalls klar: Die akausalen Vorgänge, die die moderne Physik in diesem Fall beschreibt, gehören nicht in den Bereich, der unmittelbar sinnlich erfahrbar ist. Sie gehören in den Bereich, der nur als mathematische Beschreibung existiert und dessen Relevanz in der äußeren Welt fraglich ist.

Kausalität bedingt eine unendliche Kette von Ursache-Folge-Beziehungen, die sich sowohl in die Vergangenheit als auch in die

Zukunft erstreckt. Somit ist die Frage nach einer „ersten Ursache" logisch nicht sinnvoll. Kausalität kann höchstens innerhalb der Welt, nicht aber für die Welt als Ganzes gelten. Auf die Frage „Warum gibt es überhaupt etwas und nicht nichts?" gibt sie uns keine Antwort.

Eine wichtige Frage wurde bisher allerdings ausgeklammert: Was ist mit sämtlichen Vorgängen in meinem Geist, deren Ursache ich nicht einfach in der äußeren Welt erkennen kann? Das sind insbesondere die Willensbefehle. Was ist deren Ursache? Ich werde diese Frage erst im Teil 2 dieser Darstellung diskutieren. Es wird sich dabei zeigen, dass die introspektive Sicht nicht ausreicht, um die damit zusammenhängenden Fragen des Willens und des bewussten Ich zu erklären.

ETHIK UND RELIGION

Einige Gedanken zur Ethik

So wie ich per Analogieschluss zur Vorstellung anderer Lebewesen und insbesondere anderer Menschen gekommen bin, kann ich diesen Analogieschluss weiterführen und auch diesen Lebewesen und speziell Menschen die Gefühle von Lust und Unlust zuordnen. Diese Erweiterung des Analogieschlusses ist durch die Kommunikation in höchstem Maße gerechtfertigt. Die Frage, wieweit die Symmetrie zwischen mir und anderen reicht und was sie für Folgen hat oder haben soll, hat die Philosophen von Aristoteles bis Marx intensiv beschäftigt.

Solange ich davon ausgehe, meine Willensbefehle seien frei und weitgehend davon bestimmt, Lust zu wiederholen und Unlust zu vermeiden, kann ich eine Ethik darauf aufbauen, dass ich mit meinen Willensbefehlen, die andere betreffen, ihnen das Gleiche ermögliche. Daraus würden sich zum Beispiel ethische Regeln wie das Tötungsverbot oder ein Gebot, anderen nicht zu schaden, ableiten lassen.

Zweifellos spielt aber bei der Ethik auch die Kommunikation eine wichtige Rolle. Das geht schon daraus hervor, dass ethische Regeln regional, religiös, soziologisch und ethnisch bedingt riesige Unterschiede aufweisen. Es ist die Regel, dass kommunikativ abgeschlossene Gruppen ihre eigene Ethik haben.

Ich führe diese Gedanken hier nicht weiter aus, weil im Teil 2 dieser Abhandlung noch völlig andere Überlegungen zur Ethik folgen. *Wer sich detailliert mit einer Ethik befassen möchte, die mehr oder weniger auf den hier skizzierten Grundlagen beruht und insbesondere einen freien Willen voraussetzt, und wer vor vielen philosophischen „Ismen" nicht zurückschreckt, dem sei das umfassende Werk zur praktischen Ethik von Peter Singer empfohlen.*[24]

Religiöse Fundamentalisten behaupten, dass es ohne Religion keine Moral geben könne, oder dass eine religiös fundierte Moral anderen Ethiken überlegen sei.[25] Diese Behauptung lässt sich vermutlich nur verstehen als Verteidigung religiöser Haltung, lässt sich aber in meinen Überlegungen nicht begründen. Dazu noch einige Überlegungen zum Thema Religion.

Gott und Religion

Der größte Teil aller philosophischen Systeme und Gedanken, die seit einigen Tausend Jahren die Menschheit beschäftigen, enthalten einen Begriff, der meist als „Gott" bezeichnet wird. Je nachdem wird dieser Gott in der Einzahl oder in der Mehrzahl vorgestellt (wobei die Mehrzahl vielleicht schon ein Widerspruch in sich ist), nimmt direkten Einfluss auf mein Leben oder kümmert sich überhaupt nicht um die Welt, gilt als erste Ursache dafür, dass es so etwas wie eine Welt oder mindestens mich und meine Vorstellungswelt überhaupt gibt. Ich will jetzt versuchen, wenigstens ansatzweise zu klären, was in meinen Gedanken von diesen Vorstellungen übrig bleibt.

Ich sehe bereits die äußere Welt als hypothetisch an, als etwas, von dem ich nichts Sicheres weiß. Wenn ich mir vorstelle, dass Gott ein Bestandteil der äußeren Welt ist, dann kann Gott nicht gleichzeitig Ursache dieser Welt, meist als ihr Schöpfer bezeichnet, sein. Sollte es einen Schöpfer-Gott geben, so kann es sich nur um etwas handeln, was außerhalb der Welt und damit auch außerhalb aller Hypothesen liegt, die die Vorgänge in meinem Geist nahelegen. Wenn ich schon über die Welt nichts wissen kann, dann erst recht nichts über Gott.

Andere Überlegungen gehen davon aus, dass Gott über eine Macht verfügen müsse, die weit über menschliche Macht hinausgeht. Wenn ich jetzt behaupte, ich hätte dieses oder jenes Wissen über Gott – wohlgemerkt Wissen und nicht Vermutungen –, dann wäre dieser hypothetische Gott nicht in der Lage, anders zu sein, als ich weiß. Somit wäre seine Macht durch mein Wissen – und das bedeutet auch, durch meine Macht – begrenzt, und das steht im Widerspruch zu der obigen Annahme. Über einen übermächtigen Gott kann ich kein Wissen haben.

Alle diese Überlegungen zeigen, dass ein Wissen von Gott innerhalb meiner bisher aufgebauten Gedanken keinen Platz hat. Dass die Menschheit so etwas wie Gott angenommen hat, mag in früheren Zeiten menschlicher Kultur als Antwort auf die vielen unlösbaren Rätsel der Welt verstanden werden. Ungeachtet vieler nach wie vor bestehender Detailfragen zur Natur der Welt gibt es aber in meinem gedanklichen Aufbau einen Punkt, an dem die Frage nach Gott entstehen kann oder sogar entstehen muss: Das ist die mit der Kausalität unvereinbare Frage nach der ersten Ursache. Daher liegt der Gedanke an Gott als „das ganz andere" außerhalb von Kausalität, Logik, Wissen und Welt nicht so fern, doch hier endet dieser Gedanke auch schon.

Selbstverständlich kann ich von Gott eine Vorstellung in meinem Geist haben, denn ich habe gesehen, dass es zu meinen Vorstellungen keineswegs immer eine Repräsentation in der äußeren Welt geben muss. Diese Vorstellung von Gott kann auch mit Eigenschaften (d. h. weiteren Vorstellungen) verknüpft sein. Was die verschiedenen Religionen lehren und gelehrt haben, bleibt mindestens teilweise in diesem Sinne möglich. Soweit es sich um Vorstellungen von einem Gott, der mit uns Menschen in eine persönliche Beziehung tritt, handelt, vermute ich als Grund für die Entstehung derartiger Vorstellungen, dass die existenzielle Einsamkeit, die sich aus meinem Ausgangspunkt ergibt, nicht ertragen wurde.

An die Vorstellung von Gott oder Göttern schließt sich bei den meisten Lehren noch ein Rattenschwanz von weiteren Vorstellungen über Heilige, Propheten und Erlöser, Gebote und Verbote, Glaubenssätze und Dogmen an, die zum Teil zweckmäßig sind, zum Teil offensichtlich nur dazu dienen, Gläubige bei der Stange zu halten. Manche davon sind für einen naturwissenschaftlichen Denker an Absurdität kaum zu überbieten.

Ich habe jedoch in meinen Überlegungen nicht die Notwendigkeit gefunden, irgendwelche Vorstellungen auf einen Gott zu beziehen. Das bedeutet aber nicht, dass ich Atheist bin, denn Atheismus ist eine Ideologie, ein Dogma, das alles Widersprechende kategorisch ausschließt. Es ist also eine Haltung, die mit dem empirischen Prinzip nicht vereinbar ist. Ich kann nie wissen, welche Erfahrungen ich noch machen werde. Auch wenn ich es nicht für sehr wahrscheinlich halte, kann ich doch nicht wissen, ob irgendwann ein Gott machtvoll in mein Leben eingreift und mich zwingt, seine Existenz anzuerkennen. Doch solange das nicht geschieht, bleibt mir nur die Haltung des Agnostikers übrig.

Es gab in der Geschichte der Philosophie auch immer die Denker, die von einer vollkommen unpersönlichen Gottesvorstellung ausgehen. Exemplarisch sei Spinoza genannt, für den Gott identisch ist mit der Gesamtnatur.[26] *Es wird sich zeigen, dass meine Überlegungen von solchen Gedanken nicht durch einen unüberwindlichen Abgrund getrennt sind.*

UNSERE GRUNDAUSSTATTUNG

Ich hatte bereits in der Vorbemerkung die Diskussion der Frage gestreift, was wir als Grundausstattung im Leben bereits vorfinden, weil es in unserer genetischen Struktur enthalten ist. Jetzt müssen wir uns damit befassen. Diese Grundausstattung muss so angelegt sein, dass in meinem Geist überhaupt etwas passieren kann.

Warum geschieht in meinem Geist überhaupt etwas?

Im Zentrum der bisherigen Darstellung stand die Frage, wie ich mir die Entstehung von Vorstellungen, Begriffen und einem Ich-Bewusstsein in meinem Geist überhaupt denken kann und wie ich mir erklären kann, dass die kindliche Entwicklung dahin führt. Doch eine Frage wurde dabei nicht behandelt: Warum geschieht in meinem Geist überhaupt etwas und nicht nichts?

Wenigstens ansatzweise ergibt sich eine Einsicht beim Betrachten der kleinkindlichen Entwicklung. Das Kind kommt sicher ohne einen bewussten Plan auf die Welt. Der Antrieb dazu, die ersten Verknüpfungen von primitiven Vorstellungen vorzunehmen und auf diese Weise ein inneres Bild der äußeren Welt zu schaffen, kann nicht vom Kleinkind entwickelt worden sein. Es muss sich um etwas handeln, was bereits „mitgeliefert" wurde.

So, wie ich es für den gedanklichen Aufbau als sinnvoll erkannt habe, die Parallelität mit der kleinkindlichen Entwicklung heranzuziehen, so wird es jetzt sinnvoll, den gedanklichen Rahmen mithilfe der naturwissenschaftlichen Erkenntnisse weiter zu spannen, von der kleinkindlichen Entwicklung zur Entwicklung der Arten, der Evolution. Dazu gehört auch, den phylogenetischen Sinn dessen zu verstehen, was ich als meinen Geist bezeichnet habe.

Die Entwicklung der Arten lehrt uns ein Grundprinzip der Evolution, das Prinzip der Arterhaltung. Bei Eigenschaften, die der Arterhaltung dienen, wird häufig vom evolutionären Vorteil gesprochen, den diese Eigenschaften geben. Darin eine Entelechie zu erkennen, dürfte aber ein Irrtum sein. Die Arterhaltung ist nur deshalb wichtig, weil es ohne sie keine Evolution geben kann.

Das Nervensystem entstand in der Evolution anscheinend, weil es dem Organismus ein hohes Maß an individueller Anpassungsfähigkeit gibt, die über eine „fest verdrahtete" Anpassung durch die Entwicklung der Arten weit hinausgeht. Es ist ein Mittel zur Selbst- und Arterhaltung. Um jedoch die Fähigkeit des Nervensystems zu nutzen, in flexibler Weise auf die Umwelt zu reagieren, müssen eine Reihe von Funktionen bereits am Anfang vorhanden sein. Das Nervensystem braucht, in der Sprache der Computerwissenschaft, eine Art „Betriebssystem". Die Frage nach dem, was ich als geistige Grundausstattung mitbekommen habe, ist die Frage nach dem Betriebssystem. Solange der „Computer" meines Hirns durch den Körperkreislauf mit Energie versorgt wird, solange ist dieses Betriebssystem mit seinen Funktionen aktiv und es geschieht etwas in meinem Geist.

Übersicht über die Komponenten der Grundausstattung

Ich habe schon mehrfach bestimmte Eigenschaften und Fähigkeiten als zur Grundausstattung gehörig eingestuft. Ich will jetzt versuchen, zusammenzustellen, was dazugehört. Dabei ist es sinnvoll, zwischen Antrieben, Fähigkeiten und anderen Eigenschaften zu unterscheiden. Meine Zusammenstellung ist sicher unvollständig und bezieht sich nur auf diejenigen Antriebe, Fähigkeiten und Eigenschaften in meiner Grundausstattung, deren ich mir bewusst bin. Ich vernachlässige dabei sämtliche fest programmierten Funktionen der Körperverwaltung und auch die Reste instinktiver Reaktionen, die uns aus früheren Entwicklungsstadien als mehr oder weniger nützlich erhalten geblieben sind, die mir aber nicht bewusst sind.

Wie John Bargh gezeigt hat, gibt es sehr viele angeborene Verhaltensantriebe, die zum Teil aus den Erfahrungen zur kleinkindlichen Entwicklung geschlossen oder vermutet werden können, über die ich keine Bewusstheit habe und vielleicht auch nicht haben kann.[27]
Wie umfangreich die Reste instinktiver Funktionen sind, hat der Biologe Edward O. Wilson beschrieben.[28] *Es ist weit mehr, als die meisten von uns ahnen, und auch dann, wenn diese Funktionen nicht von sich aus aktiv sind und verstandesmäßigen Modulationen unterliegen, bestimmen sie doch, welche Reaktionsweisen besonders leicht, oft in Sekundenschnelle erlernt werden. Doch der Einfluss solcher Reste aus frühen Zeiten der Evolution geht darüber hinaus und bestimmt auch Präferenzen, die wir als rein geistige Funktionen anzusehen gewohnt sind, so aus dem Bereich der Kunst bis hin zur Religion.*

Die Reihenfolge der Elemente unserer Grundausstattung ist im Augenblick ohne Bedeutung, da Antriebe, Fähigkeiten und Eigenschaften in einem komplexen Netz von Wechselwirkungen stehen.

1. Antriebe

a. Ein primitiver Selbsterhaltungstrieb, der zum Vermeiden von Situationen führt, die (bewusst oder unbewusst) als bedrohlich erkannt werden.
b. Der Antrieb zur Vermeidung von Unlusterlebnissen, insbesondere von Schmerz, Hunger, Durst.
c. Der Antrieb zur Herbeiführung von Lusterlebnissen wie Sättigung mit wohlschmeckenden Speisen usw.
d. Der Sexualtrieb.
e. Die Neugier.
f. Das Bestreben, soziale Kontakte aufzunehmen und zu erhalten. Dazu gehören vermutlich das frühkindliche Nachahmungsverhalten und eine primitive Ethik.

2. Fähigkeiten

a. Die Fähigkeit, von den Signalen meiner Sinnesorgane Repräsentationen im Geist zu bilden, die ich als primitive Vorstellungen bezeichnet habe.

b. Die Fähigkeit, meinen Körper unabhängig von den Sinnesorganen zu fühlen.

c. Die Fähigkeit, Vorstellungen zu verknüpfen, von mir als Denken bezeichnet. Auch die grundlegenden Verknüpfungsoperationen und eine elementare Logik gehören meiner Meinung nach dazu.

d. Die Fähigkeit, Vorstellungen direkt oder symbolisch im Gedächtnis abzuspeichern.

e. Die Fähigkeit, mit Willensbefehlen auf meinen Körper einzuwirken.

f. Die Fähigkeit der Nachahmung (die vermutlich in komplexer Weise auch einige der vorhergehenden Fähigkeiten enthält).

g. Die Fähigkeit, Signale aus meinem Körper als Lust bzw. Unlust zu fühlen und zu werten.

h. Die Fähigkeit, Befriedigung, Freude und Schönheit und deren Gegenteil zu empfinden (Erweiterung der Begrifflichkeit von Lust und Unlust).

3. Eigenschaften

a. Körperbau im weitesten Sinne. Dazu gehört auch das biologisch verstandene Geschlecht. Das subjektiv empfundene Geschlecht ist vermutlich eine weit komplexere Funktion. Es ist nicht immer klar, was davon zur Grundausstattung gehört.

b. Charakter.

Ich will nicht im Einzelnen diskutieren, wie sich die Antriebe meiner Fähigkeiten und Eigenschaften bedienen. Der größte Teil davon ist in der Entwicklung der Arten bereits seit vielen hundert Millionen Jahren nachweisbar und mit der Entwicklung des Nervensystems und insbesondere des Gehirns verbunden. Dem Antrieb zur Selbsterhal-

tung dienen unmittelbar die Fähigkeiten a) – g). Der Geschlechts-
trieb dient der Arterhaltung, bleibt gerne wie ein Chamäleon verborgen und bedient sich dabei unter anderem der Fähigkeiten unter h).

Charakter

Ein Wort zum letzten Punkt, dem Charakter. Es ist fraglich, ob das ein
eigener Punkt sein sollte. Man könnte den Charakter bereits dem Körperbau im weitesten Sinne zuordnen, zu dem auch die durch Evolution und Vererbung bestimmte Gehirnanlage gehört. Umgangssprachlich allerdings verstehen wir meist unter Charakter ein Konglomerat
aus der Grundausstattung und erworbenen Eigenschaften. Obwohl
sicher ist, dass die Kommunikation mit anderen auf meine Entscheidungen und Entwicklung großen Einfluss hat, so sicher scheint mir,
dass es etwas Gleichbleibendes darin gibt, das meiner Grundausstattung zugeordnet werden muss. Vieles spricht für die Wahrheit der
Dichterworte vom *Gesetz, wonach du angetreten* und und der Feststellung *So musst du sein, dir kannst du nicht entfliehen.*[29]

EIN FUNDAMENT DES GEISTES

Bei dem, was ich in diesem ersten Teil meiner Überlegungen darzu-
stellen versucht habe, handelt es sich nur um das „Fundament" und
bestenfalls das „Kellergeschoss" des Geistes. Schon dieses hätte
zum weitaus größten Teil ohne andere, ohne Sprache und Kommunikation, die die Vernetzung unserer Gehirne bewirken, gar nicht entstehen können. Doch glaube ich, mit diesem Fundament noch auf
einigermaßen sicherem Grund zu stehen.

Das Denken, das Verknüpfen von Vorstellungen, das durch viele
Generationen hindurch übermittelt wurde, geht aber sehr weit über
das hinaus, was ich als „nur ich" jemals hätte entwickeln können. Je
verzweigter die kommunikativen Quellen werden und je höher wir
damit im Gebäude der Vorstellungen steigen, umso weniger sicher
ist es, dass die daraus entstehenden Vorstellungen überhaupt noch
irgendeinen Bezug zur äußeren Welt haben. Die Grundlage, das
Fundament, gerät immer weiter aus dem Blick. Wir ergehen uns lei-
denschaftlich und aufgrund einer Ethik aus zweiter und dritter Hand
in Ideologien und Religionen, Menschenrechten, Friedensappellen,
Nationalismen usw. Da ist es für mich vielleicht ein Schritt zu mehr
Bescheidenheit und hoffentlich auch Realismus, wenn ich die ganze „Bedingtheit" all dieser berechtigten oder unberechtigten Appelle
sehe und mich auf das besinne, was mir den Anschein erweckt, ein
verlässlicher Grund zu sein.

Ich bin mir darüber im Klaren, dass das, was ich als Schritt zu
mehr Bescheidenheit ansehe, zu dem notwendig die vollständige
Elimination alles Mythischen gehört, von anderen als der Gipfel der
Anmaßung empfunden werden kann. Und zwar, weil in diesem Fun-
dament nicht einmal ansatzweise Antworten auf die Fragen nach
Anfang, Ende und Sinn vorkommen.

Eine Frage aber, die ich mir in dem bisher Betrachteten stellen
muss, bleibt unbeantwortet: Wenn es schon Naturwissenschaften
gibt, die die Gesetzmäßigkeiten der äußeren Welt zu ergründen ver-

suchen, dann gehört zu diesen Aufgaben auch die Untersuchung meines Gehirns als einem Gegenstand der äußeren Welt. Andererseits habe ich meinen Geist biologisch in meinem Gehirn verortet. Das bedeutet aber, dass ich mit den Naturwissenschaften als einer Funktion meines Geistes, die Grundlagen eben dieses Geistes zu erklären versuche. Ist das möglich?

TEIL 2

Ein Weltbild

ES SIND WICHTIGE FRAGEN OFFENGEBLIEBEN

Im ersten Teil sind vor allem zwei wichtige Fragen offengeblieben. Die erste ist die Frage nach einem freien Willen angesichts eines Kausalgesetzes. Die zweite ist, ob der Geist über die Naturwissenschaften sich selbst erklären kann.

Erste Frage: Wie passt freier Wille zur Kausalität?

Im ersten Teil hatte ich von Willensbefehlen geschrieben, die in meinem Geist entstehen und Handlungen bewirken. Dabei bin ich implizit von einem freien Willen ausgegangen. Die Frage, ob es einen freien Willen gibt, und wie sich ein solcher mit dem Erfahrungsgesetz von der Kausalität verträgt, wurde im ersten Teil zwar erwähnt, aber nicht weiterverfolgt. Es ist jedoch eine der immer wieder diskutierten Fragen der Philosophie. Diese Frage konnte kaum jemals in befriedigender Weise gelöst werden. Wir werden sehen, dass hier die moderne Hirnforschung uns weiterführt, mit erstaunlichen Ergebnissen.

Zweite Frage: Kann der Geist sich selbst erklären?

Die Naturwissenschaften, gesehen als Beschreibung von Beobachtungen, wirken auf meinen Ausgangspunkt zurück: Sie machen Aussagen über das Gehirn, das einerseits Gegenstand der äußeren Welt ist, andererseits aber auch die Bühne bereitstellt, auf der meine ganze innere Welt spielt. Meine Überlegungen kratzen scheinbar an der Voraussetzung ebendieser Überlegungen. Es sieht so aus, als versuche der Geist, sich selbst zu erklären. Wir werden sehen, dass die Bearbeitung der ersten Frage zu einer Sicht führt, in der diese zweite Frage ihren Sinn verliert.

KAUSALITÄT UND FREIER WILLE

Meine Überlegungen gehen von naturwissenschaftlichen Ergebnissen aus. Da meine Willensbefehle, wie sie in Teil 1 eingeführt wurden, meinem Geist entspringen, sind sie von den Strukturen meines Geistes bestimmt. Da andererseits mein Geist mit Vorgängen in einem Teil meines Körpers, nämlich dem Gehirn, fest verknüpft ist, muss ein Willensbefehl einem Vorgang in der äußeren Welt entsprechen und den Beschreibungen genügen, die die Naturwissenschaften von der äußeren Welt gefunden haben. Insbesondere gehört dazu die Kausalität. Demgemäß sind alle Vorgänge in meinem Gehirn kausal bestimmt, also determiniert. In dieser Sicht kann es daher keinen freien Willen geben.

Physikalische und psychologische Grenzen der Determination

Die Vorstellung vom freien Willen ist scheinbar (und, wie sich zeigen wird, nicht nur scheinbar) fest in unserer Natur verankert. Niemand, der einen Stein wirft, wird davon ausgehen, ein schicksalhafter Mechanismus habe den Entschluss dazu bewirkt. Um die Vorstellung vom freien Willen zu verteidigen, werden daher viele Überlegungen angestellt, ob Kausalität und Determination wirklich maßgebend sind.

Dazu gehört die Überlegung, dass es auf quantenphysikalischer Ebene die erwähnte Unbestimmtheit und damit akausale Vorgänge gibt. Ob aber diese Unbestimmtheit eine Eigenschaft der Natur oder nur der mathematischen Methoden ist, die zur Beschreibung benutzt werden, war offengeblieben. Soweit ich die Physik verstehe, ist es eine Unbestimmtheit in den bestenfalls möglichen Ergebnissen einer Messung und das ist sicher etwas anderes als eine Unbestimmtheit in der Natur selbst. Es erscheint aber auch im Lichte dieser Unbestimmtheit fraglich, ob man sie zur Erklärung eines freien Willens heranziehen sollte. Das, was real beobachtet wird, hat nämlich im Rahmen dieser Unbestimmtheit statistischen Charakter. Wir wollen aber wohl kaum unsere freien Willensentscheidungen so verstehen, dass sie vom Zufall bestimmt sind.

Ein anderes Argument zur Einschränkung der Determination aber verdient Beachtung. In hochkomplexen Systemen – und wer würde bezweifeln, dass unser Gehirn als Träger unseres Geistes ein solches ist – herrscht ein sogenanntes „chaotisches" Verhalten. Das bedeutet, dass eine Vorhersagbarkeit auch unter dem Gesetz der Kausalität zumindest über einen längeren Zeitraum nicht gegeben ist, wenn nur die geringste Unbestimmtheit in den Anfangsbedingungen besteht. Die aber ist immer gegeben und dafür könnte sogar die quantenmechanische Unbestimmtheit ausreichen, soweit sie eine reale Eigenschaft der äußeren Welt ist. Doch diese Aussage hebelt die Kausalität als solche nicht aus, sie sagt nur etwas über die Vorhersagbarkeit aus.

Sozialpsychologen sehen eine andere Art von Beschränkung meines freien Willens. Es gibt nachweislich viele kommunikative Einflüsse auf meine Entscheidungen, die mir nicht immer bewusst sind, die aber in gesetzmäßiger Weise – mindestens statistisch gesehen – meine Entscheidungen beeinflussen. Doch dieser Einwand relativiert sich, wenn man bedenkt, dass auf jede Willensentscheidung, sei sie nun frei oder determiniert, sämtliche Inhalte meiner Vorstellungswelt Einfluss haben können. Ob ich mir der kommunikativen Entstehung dieser Vorstellungen bewusst bin, spielt dabei keine Rolle.

Hirnforscher behaupten schon seit Längerem, dass im Hirn keine Instanz gefunden wurde, die eine freie Entscheidung trifft.[30] Dieser Feststellung liegt der reduktionistische Ansatz zugrunde, die Funktion des Gehirns auf die Funktionen seiner Bestandteile zurückzuführen. Solange ich aber diese Bestandteile nicht wirklich verstehe, hilft uns dieser Ansatz nicht weiter. Die Hirnforschung der letzten Jahrzehnte hat aber den Schleier vor den Funktionen unseres Gehirns, die Einfluss auf die Vorstellung des freien Willens nehmen, ein wenig gelüftet.

Die Illusion des freien Willens

Ich habe bereits festgestellt, dass in dem von mir aufgebauten Gebäude der Vorstellungen auch solche sein können, denen keine Entsprechung in der äußeren Welt gegenübersteht. Nichtsdestoweniger sind auch solche Vorstellungen innerhalb meines Gedankengebäudes wirksam. Wir wissen, wie wirksam Erinnerungen sein können, die scheinbar auf Erlebnisse in der äußeren Welt zurückgehen, ohne dass es diese Erlebnisse je gegeben hat.[31] In ähnlicher Weise kann ich illusionäre Vorstellungen von Wirkungsweisen in meinem Vorstellungsgebäude haben, die keiner Gesetzmäßigkeit in der äußeren Welt entsprechen. Es ist daher denkbar, dass die im Teil 1 beschriebene, erstaunliche Wirkungsfolge von Willensbefehl und Körperbewegung unrealistisch ist.

Durch die Unvereinbarkeit von dem Bewusstsein, einen freien Willen zu haben, und einer kausalen Determination der Vorgänge in meinem Gehirn kann ich zu einem von zwei Schlüssen kommen: Entweder ist trotz überwältigender Bewährung in der Erfahrung die Kausalität ein Irrtum, oder es gibt keinen freien Willen und die Vorstellung davon ist eine Illusion. Die letztere Auffassung wurde durch Ergebnisse der modernen Hirnforschung erheblich verstärkt.

Die Hirnforschung hat in raffinierten Versuchen mit Enzephalogrammen und Bildgebung der Vorgänge im Gehirn festgestellt, dass in dem Moment, in dem ich mich entscheide, auf einen Knopf zu drücken, mein Nervensystem bereits gehandelt hat, so dass ich also nur die Folge einer bereits ohne mein Bewusstsein vollzogenen Entscheidung erlebe. Der erste Versuch, der das zeigte, wurde 1983 von Benjamin Libet und seinem Team durchgeführt und vielfach in immer weiter perfektionierter Weise reproduziert.[32] Das Ergebnis war stets das gleiche: Der Moment, in dem mir der Entschluss zu einer Handlung bewusst wird, liegt mit Unterschieden, die von der genauen Versuchsaufgabe abhängen, einige Zehntelsekunden nach der Einleitung genau dieser Handlung im Gehirn.

Die Illusion des freien Willens wird durch Libets Versuche unausweichlich. Wenn in dem Moment, in dem mein Bewusstsein glaubt, die Handlung zu initiieren, das Gehirn bereits gehandelt hat, dann irrt sich eben mein Bewusstsein.

Für mich aber ist erst durch die Forschungen von Michael Gaz-
zaniga wirklich anschaulich geworden, wie das Gehirn die Illusion
einer freien Entscheidung bewirkt.[33] *Sie zeigen, dass das Bewusst-*
sein in der Form „Ich tue dies und jenes, ich tue es, weil ..." auf die
Arbeit eines Zentrums in der linken Hälfte des Gehirns zurückgeht,
das alle ihm zufließenden Informationen in einer Weise interpretiert,
die ihm sinnvoll scheint. Diese Funktion selbst bleibt unserem be-
wussten Denken verborgen.

Gazzaniga bezeichnet dieses Hirnzentrum als den Interpreter.
Er kam durch Forschungen an Split-Brain-Patienten darauf. Das
sind Personen, bei denen zur Behebung schwerster epileptischer
Probleme das riesige Bündel an Nervenverbindungen zwischen der
rechten und der linken Hirnhälfte aufgetrennt wurde. Diese Perso-
nen können weitgehend normal leben, aber es ergeben sich Beson-
derheiten, weil je nach Situation beide Hirnhälften unterschiedliche
Informationen aus der Umwelt bekommen.

Dadurch ergab sich die Möglichkeit, die rechte Hirnhälfte eine
Handlung initiieren zu lassen, die von der linken Hirnhälfte beob-
achtet wird, ohne dass diese erfährt, was die auslösenden Gründe
dafür waren, weil sie ja in der rechten Hirnhälfte liegen. Bei jedem
normalen Gehirn wären die auslösenden objektiven Gründe der lin-
ken Hirnhälfte über die Nervenverbindung mitgeteilt worden. Das ist
aber nach Durchtrennung dieser Verbindung nicht mehr möglich.
Das Linkshirn der betreffenden Person hat deshalb keine Ahnung,
warum diese Handlung geschah. Fragt man diese Person über ihre
sprachmächtige linke Hirnhälfte „Warum hast Du das getan?", dann
kommt als Antwort nicht etwa „Weiß ich nicht", sondern unter dem
Einfluss des Interpreter-Zentrums „Ich habe das getan, weil ..." und
nennt dabei einen Grund, der unter den der linken Hirnhälfte verfüg-
baren Informationen einigermaßen vernünftig erscheint, aber nicht
der ist, der die Handlung ausgelöst hat und die Handlung deshalb
auch nicht wirklich sinnvoll erklärt. Trotzdem wird dieser vom Indivi-
duum als bewusster Grund für eine frei entschiedene Handlung an-
gesehen. Nur dieses Ergebnis wird bewusst, und zwar nachträglich.

Das macht die Illusion des frei entscheidenden Ich verständlich.
Das Hirnzentrum des Interpreters hält die Überzeugung der freien

Entscheidung aufrecht, auch wenn ihm die Entscheidungsgründe völlig unbekannt sind. Solange beide Hirnhälften untereinander kommunizieren, fällt das nicht auf, denn dann werden die Handlungsgründe zwischen den beiden Hirnhälften ausgetauscht und sind dem Interpreter bekannt.

Die Bewusstheit, eine Entscheidung frei getroffen zu haben, beruht demnach auf einer nachträglichen Interpretation durch dieses Zentrum. So kann ich zwar wissen, dass alles, was ich tue, kausal bestimmt ist, die interpretierenden Zentren im Gehirn werden trotzdem dafür sorgen, dass ich meine Handlungen einem frei entscheidenden Ich zuordne und wahrscheinlich gerade dadurch erst meine Vorstellung vom Ich erzeuge. Unser Gehirn arbeitet aktiv daran, die Tatsache zu verschleiern, dass das frei entscheidende Ich eine Illusion ist.

Das macht auch die Zeitverzögerung zwischen der Handlungsentscheidung des Gehirns und der Bewusstwerdung verständlich. Mindestens zum Teil ist sie durch die Tätigkeit des Interpreters bedingt, der dem Bewusstsein eine sinnvolle Interpretation einer von dem System unseres Gehirns autonom und determiniert vorgenommenen Handlung zuspielt.

Ich kann daher die feste Überzeugung haben, meine Willensentscheidungen seien frei gewählt, während ebendiese Entscheidungen kausal bestimmt sind. Ich habe selbst weder eine Möglichkeit, aus der Illusion des freien Willens auszusteigen, noch eine Möglichkeit, die Illusion unmittelbar zu erkennen. Sie liegt in meiner Gehirnstruktur, so wie die Evolution sie realisiert hat.

An dieser Stelle ist es aber wichtig, darauf hinzuweisen, dass eine willkürliche und unsinnige Sinnzuweisung zu determiniert getroffenen Handlungsentscheidungen durch die interpretierenden Hirnzentren, wie sie bei Gazzanigas Split-Brain-Patienten festgestellt wurde, keineswegs die Regel ist. Im Gegenteil, die objektiven Gegebenheiten, die zu diesen Entscheidungen geführt haben, sind bei intaktem Gehirn dem Interpreter zugänglich. Daher wird die nachträgliche Interpretation von Handlungen meist sinnvoll sein und der Situation entsprechen.

Für mein praktisches Leben aber ergibt sich, dass diese illusorische Vorstellung vom freien Willen unumgänglich ist. Die Evolution hat mir keine andere Möglichkeit gelassen, als im Bewusstsein des freien Willens zu leben.

Es ist interessant, dass Immanuel Kant vor bereits über 200 Jahren und ohne die Kenntnis dieser naturwissenschaftlichen Ergebnisse etwas Ähnliches formuliert hat: Zitat: „Ich sage nun: ein jedes Wesen, das nicht anders als unter der Idee der Freiheit handeln kann, ist eben darum, in praktischer Rücksicht, wirklich frei."[34]

Kants Ausdruck „unter der Idee" ist von ihm natürlich im Sinne einer idealistischen Philosophie gedacht worden, während ich ihn hier im Sinne von „unter den meinem Bewusstsein möglichen Erfahrungen" verstehe. Die Gemeinsamkeit liegt darin, dass in beiden Fällen etwas gemeint ist, das von mir nicht beeinflusst werden kann, dass ich aber im praktischen Leben den Eindruck einer freien Handlungsentscheidung habe.

Ich kann intellektuell die Determination erkennen, aber die funktionale Ebene von unglaublich komplex verketteten Ursachen und Folgen, die eine Handlung bedingen, bleibt – mindestens beim gegenwärtigen Stand der Forschung – unzugänglich. Man kann vermuten, dass es sich um logische Vorgänge im Gehirn als Reaktion auf die wahrgenommene Situation und die „Datenbank" meiner Vorstellungen handelt. Was ich weiter oben als Charakter bezeichnet habe, könnte der Teil der Grundausstattung sein, der bestimmt, welche der vielen Handlungsmöglichkeiten von mir genutzt werden und welche unbeachtet bleiben.

Ernst Mach schreibt im Jahre 1885: „Was wir Willen nennen, ist nun nichts anderes, als die Gesammtheit der theilweise bewussten und mit Voraussicht des Erfolges verbundenen Bedingungen einer Bewegung."[35]

Damit drückt Mach bereits die Bedingtheit unserer Willensbefehle aus und auch, dass die Bedingungen nicht alle bewusst sind. Die Radikalität dieser Bedingtheit aber kann er noch nicht erkennen, weil sie sich aus den ihm noch unbekannten Ergebnissen der Hirnforschung ergibt.

Gerhard Roth weist darauf hin, dass das Libet-Experiment zwar die Determination der aktuellen Handlung zeigt, nicht aber beweist, dass die gesamte und u. U. langfristige Planung einer Aktion im gleichen Sinne determiniert ist.[36]

Dabei stellt sich aber die Frage, ob nicht jede Planung eine Aktion ist, die der gleichen Determination unterliegt. Die Hoffnung auf einen freien Willen im Denken, aus Sicht der Naturwissenschaft und der Kausalität sowieso zweifelhaft, dürfte sich als verfrüht erweisen.

Revision meiner Vorstellung vom selbstbewussten Ich

Ich hatte in Teil 1 festgestellt, mein Ich sei die Instanz, die über Willensbefehle in der Lage ist, meinen Körper zu bewegen. Die eben berichteten Forschungen, die den freien Willen als Illusion entlarven, haben eine wichtige Konsequenz für das, was ich als einen Willensbefehl ansehe. Wenn der freie Wille eine Illusion ist, dann wird auch der Willensbefehl als Illusion erkannt. Das zwingt mich zu der Einsicht, dass mein oben definiertes Ich nur das Ergebnis einer Interpretation durch mein Gehirn ist.

Doch gilt auch hier das Gleiche, was beim freien Willen festgestellt wurde: Die Art und Weise, wie die Evolution mein Gehirn aufgebaut hat, lässt mir keine andere Wahl, als in den Illusionen zu leben, die es mir bereitet. Das betrifft nicht nur meinen scheinbar freien Willen, es betrifft auch mein Ich und damit mein Bewusstsein.

Diese Erkenntnis ist sicher ernüchternd. Mancher wird sie als deprimierend empfinden. Man kann sie auch als unvereinbar mit allem, was ich als mein Selbstbewusstsein und mein Lebensgefühl empfinde, ablehnen. Man kann sie aber auch einfach akzeptieren. Und wenn man sie akzeptiert hat, ergibt sich als Konsequenz für mein tägliches Leben – erstaunlicherweise – überhaupt keine Änderung. Ich kann nur so leben, wie ich gebaut bin und wie die Evolution mich gemacht hat. Und das ist eben ein Leben im Bewusstsein eines frei entscheidenden Ich trotz der mentalen Erkenntnis der Illusion. Eine spannende Frage, die sich daraus ergibt, ist: Was war der evolutionäre Vorteil dieser Konstruktion? Anscheinend hat die Vorstellung von der bewussten Entscheidung irgendwann einen evolutionären Sinn gehabt und sich deshalb durchgesetzt.

Ich hatte die Frage nach dem Ich ursprünglich naiv und intros-
pektiv gestellt. Dabei stellt sich das Ich als eine Einheit dar. Philo-
sophen und Hirnforscher unterteilen das Ich in lauter verschiede-
ne Instanzen: Kontroll-Ich, autobiographisches Ich, ethisches Ich,
selbstreflexives Ich ..., nachzulesen bei Gerhard Roth.[37] *Diese ver-*
schiedenen Ichs werden nahegelegt, weil Schädigungen von unter-
schiedlichen Hirnarealen auch unterschiedliche Auswirkungen auf
das selbstbewusste Ich haben.

Eine weitere Konsequenz, die sich aus der Hirnforschung ergibt,
und die in dem Buch von Roth hervorgehoben wird, ist die Tatsache,
dass unbewusste Vorgänge im Gehirn einen viel größeren Einfluss
haben als meist angenommen. Damit ergibt sich in gewissem Maß
eine Rechtfertigung der Freud'schen Spekulation vom Einfluss des ES.

Grundlagen der Ethik

Ich hatte im Teil 1 einige Zeilen zur Ethik geschrieben. Ich könne
eine Ethik darauf aufbauen, dass ich anderen per Analogie die gleichen Lust- und Unlusterlebnisse zuschreibe, die ich selbst erlebe.
Die Ethik könnte dann darauf beruhen, durch meine Entscheidungen ihnen in gleicher Weise, wie ich es für mich selbst tue, eine Ma-
ximierung der positiven und eine Minimierung der negativen Erlebnisse zu ermöglichen.

Da ich aber jetzt davon ausgehen muss, dass meine Entscheidungen keineswegs frei sind, ist dieser Ethik die Grundlage entzogen. Es muss also andere Grundlagen dafür geben, denn an der
bloßen Existenz ethischen Handelns ist allein aufgrund der Beobachtung nicht zu zweifeln.

Gazzaniga kommt zu dem Ergebnis, dass mit der Illusion des freien
Willens auch die üblichen Begründungen ethischen Verhaltens ent-
fallen. Die Gründe für unsere ethischen Entscheidungen seien kausal
bestimmt, und zwar in Übereinstimmung mit einer ethischen Grund-
ausstattung, die unserem Bewusstsein jedoch verborgen bleibt.[38]
Daher wird das Interpreter-Zentrum die Gründe für unser ethisches
Verhalten aus unserer Gedankenwelt beziehen und individuell un-

terschiedliche ethische Prinzipien aus Philosophien, Ideologien und Religionen dafür verantwortlich machen.

In einer Reihe von Versuchen an ein- oder anderthalbjährigen Kleinkindern haben Psychologen herausgefunden, dass altruistisches Verhalten und Helfen bereits in diesem Alter zu beobachten ist.[39] *Das passt zu Gazzanigas Behauptung, dass eine rudimentäre Ethik zu unserer Grundausstattung gehört. Die verbreitete Auffassung, dass gerade ethisches Verhalten zu den höchsten geistigen Errungenschaften der Menschheit gehört, könnte dadurch ganz empfindlich relativiert werden. Die Forschung zur Entwicklung von Kleinkindern hat sogar im Gegenteil herausgefunden, dass ein ursprünglich altruistisches Verhalten in den nächsten Lebensjahren zunehmend relativiert und von sozialen Erfahrungen abhängig gemacht wird. Im Lichte der Evolution hat das sicher auch einen Sinn.*

Diese Forschungsergebnisse führen uns auch auf dem Felde der Ethik wie schon beim freien Willen und dem selbstbewussten Ich zurück auf unsere evolutionär entstandene Grundausstattung. Auch hier stellt sich die Frage: Was war der evolutionäre Vorteil dieser Ausstattung? Anscheinend war das in der Grundausstattung ausgeprägte altruistische Verhalten für die Erhaltung der Art sinnvoll, denn es ist ja nicht unmittelbar einzusehen, was es zur Erhaltung des Individuums beiträgt. Für die Erhaltung der Art reicht aber auch ein Vorteil für die Gruppe aus, der das betreffende Individuum angehört. Hier ist die Grenze zwischen Ethik als Grundausstattung und Ethik als Kulturprodukt nicht leicht zu ziehen, denn jede Gruppe entwickelt ihre eigene Kultur.

Unabhängig von einer Verankerung im genetischen Material lässt sich die Auffassung, dass Ethik ein Kulturprodukt sei, gut vertreten. Wenn bei Kleinkindern in zunehmendem Alter das Verhalten stärker von sozialen Erfahrungen abhängig wird, so muss man bedenken, dass soziale Erfahrungen dazu bewertet werden müssen. Wie diese Bewertung geschieht, ist in erheblichem Maße auf dem Wege der Kommunikation durch Erziehung und Kultur beeinflusst. Detailliertere Überlegungen müssen alles einbeziehen, was uns mit anderen verbindet. Wenn unsere Entscheidungen determiniert sind, so stehen den Hirnprozessen, die diese Entscheidungen autonom bewirken, natürlich auch die Inhalte zur Verfügung, die durch die Kommunikation entstanden sind. Dass die Verbindung mit anderen in der Kommunikation lebenswichtig ist, wurde bereits festgestellt. Ich hatte daher ein Bestreben, Verbindung mit anderen aufzunehmen, zu unserer Grundausstattung gezählt. Allein daraus kann man ethische Regeln ableiten. Das Tötungsverbot könnte dazu gehören, denn wenn ich jemanden töte, reißt die Verbindung ab. Das Verbot, zu lügen, dient dazu, die Kommunikation nicht scheitern zu lassen. Doch sicher lassen sich mit der evolutionär entstandenen Grundausstattung eine Reihe von Handlungsantrieben nicht so einfach erklären, die weit über das oben definierte Lust-Unlust-Prinzip hinausgehen und die vermutlich aus der Kommunikation und damit aus sozialen Beziehungen entstehen oder ideologischen Charakter tragen.

In engem Zusammenhang mit ethischen Fragen steht der Begriff der Verantwortung. Wenn mein Handeln determiniert ist, bin ich auch für nichts verantwortlich. Ich werde weiter unten darauf zurückkommen.

Nervensystem, Gehirn und Bewusstsein als Erzeugnisse der Evolution

Es kann keinen Zweifel geben, dass Nervensystem und Gehirn Produkte der Evolution sind, so wie es schon im Abschnitt *Warum geschieht in meinem Geist überhaupt etwas?* dargestellt wurde. Jetzt ist es an der Zeit, diese Gedanken weiterzuführen und damit auch die Überlegungen zum freien Willen in einen größeren Zusammenhang einzubetten.

Bereits am Beginn von Teil 1 hatte ich festgestellt, es genüge für die Evolution, dass mir das Gehirn eine verlässliche „Abbildung" der Umwelt zukommen lässt, in der Gefahren und zu erwartende Handlungsfolgen erkennbar sind. Wahrheiten im naturwissenschaftlichen Sinne, das heißt, die an der Erfahrung bewährten Thesen sollten dafür ausreichen. Jetzt aber sehe ich, dass die Vermeidung von Gefahren oder unerwünschten Folgen determiniert ohne mein bewusstes Zutun entschieden wird. Die Welt meiner Vorstellungen, die ich wie vermutlich jeder andere in mir im Laufe des Lebens individuell aufgebaut habe, ist in Wirklichkeit nur die Interpretation durch mein Gehirn. Die verlässliche Abbildung dient nicht der Abwendung von Gefahren, sondern nur einer sinnvollen Interpretation. „Dinge an sich", „absolute" Tatsachen und Wahrheiten, an denen sich die Philosophie seit Jahrtausenden abarbeitet, werden dafür nicht gebraucht.

Das relativiert auch den Abschnitt zum zweckgerichteten Denken in Teil 1, denn ich sehe jetzt, dass meine naturwissenschaftlichen Erkenntnisse nichts zu zweckmäßigen Handlungen beitragen.

Aus diesen Überlegungen ergibt sich die Berechtigung meiner Vermutung, dass ich für meine Lebenspraxis keinen wesentlichen Fehler mache, wenn ich den hypothetischen Charakter der äußeren Welt vernachlässige. So, wie ich zu dem Ergebnis gekommen bin, dass ich mit der Vorstellung vom freien Willen leben muss, weil mein Gehirn mir keine andere Möglichkeit gibt, so komme ich jetzt zu dem analogen Schluss, dass ich nur mit den Vorstellungen von der äußeren Welt leben kann, die in meinem Gehirn aufgebaut werden. Mein Bild der äußeren Welt ist das einzige, das ich überhaupt haben kann. Es ist das Bild, das mein Gehirn mir ermöglicht. Dass dabei solche Vorstellungen wie erste Ursache oder was nach dem Tod geschieht usw. nicht repräsentiert sind, weil es nichts in der äußeren Welt gibt, das mir dazu Beobachtungen liefern kann, ist aus dieser Sicht selbstverständlich.

Man könnte denken, dass ich damit auf umständliche Weise an dem gleichen Punkt angekommen bin, den Ernst Mach und die Neurealisten zum Ausgangspunkt ihrer Gedanken machen. Der philosophische Unterschied aber ist gewaltig. Diese Philosophen machen keinerlei Unterschied zwischen der äußeren Welt und dem naiven persönlichen Bild der Welt. Ich sehe, dass das Bild von einer Welt, die mit meinen Vorstellungen übereinstimmt, eine Illusion ist, die mir mein Gehirn bereitet, und dass die Ursachen für meine Vorstellungen in einer mir völlig unbekannten äußeren Welt liegen, über die mir keine Aussagen möglich sind. Gleichzeitig erkenne ich, dass ich für mein praktisches Leben keinen wesentlichen Fehler mache, wenn ich nur mein naives Bild der Welt als relevant ansehe. Doch das ist sicher etwas anderes als eine Identität mit der äußeren Welt, wie Mach sie annimmt.[40]

In Teil 1 im Abschnitt *Andere Menschen als Analogieschluss* hatte ich festgestellt, dass andere mir weitgehend zu gleichen scheinen. Dass das „Bild" der äußeren Welt bei anderen meinem exakt gleicht, kann ich zwar nicht annehmen und ist unwahrscheinlich. Dass es aber sehr ähnlich ist, lehrt mich die Kommunikation. Insbesondere muss ich annehmen, dass auch die anderen im Bewusstsein eines freien Willens leben, der aber in Wirklichkeit eine Illusion ist, weil die Entscheidungen in der äußeren Welt determiniert getroffen werden. Doch die anderen sind von der äußeren Welt ebenso getrennt wie ich. Deshalb kann mir auch die Kommunikation kein echtes Wissen über die äußere Welt geben. Das, was wir als anschaulich bezeichnen, sind ausschließlich Dinge, die unser Gehirn uns als Interpretationen der äußeren Welt liefert.

Spekulationen über die äußere Welt und ihre Gesetzmäßigkeiten

Über die äußere Welt oder vielleicht auch eine Vielzahl von äußeren Welten sind beliebige Spekulationen möglich. Ich denke jedoch, das Prinzip von Ockham's Razor legt nahe, dass es nur eine einzige äußere Welt gibt, die für alle gleich ist. Unter dieser Annahme kann man einige weitere Spekulationen über die äußere Welt anstellen.

Bei den Naturwissenschaften lehrt mich die Kommunikation mit anderen, dass die sogenannten Naturgesetze, die wir als Beschreibung von Beobachtungen erkennen, von Mensch zu Mensch gleich sind. Diese Beobachtungen aber beruhen auf den Wirkungen der äußeren Welt auf die persönliche Erlebniswelt jedes einzelnen. Wenn diese Beobachtungen gleich sind und reproduzierbaren Regeln genügen, und wenn sie von einer einzigen äußeren Welt bewirkt werden, dann kann man annehmen, dass diese äußere Welt ebenfalls von Gesetzmäßigkeiten beherrscht wird. Ich will diese Gesetzmäßigkeiten als die Naturgesetze „im strengen Sinn" bezeichnen. Insbesondere sollte es etwas der Kausalität Entsprechendes in der äußeren Welt geben. Die Beobachtung, dass es in unserem persönlichen Weltbild nichts Isoliertes gibt und dass alles mit allem zusammenhängt, muss

ebenfalls auf einer entsprechenden Eigenschaft der äußeren Welt beruhen. Denn wenn wir in unserem persönlichen Weltbild annehmen,
dass der Flügelschlag eines Schmetterlings im Amazonasgebiet sich
irgendwann auch in Sibirien auswirkt, muss das darauf beruhen, dass
auch in der äußeren Welt alles mit allem zusammenhängt. Gäbe es
in der äußeren Welt etwas völlig Isoliertes, so wäre das eine andere
Welt. Das widerspricht meiner Annahme einer einzigen äußeren Welt.
Alles, was in der äußeren Welt geschieht, gehorcht diesen strengen Gesetzen. Mein Leben und das Leben aller Individuen sind in
dieser Welt nur autonom ablaufende Prozesse. Ich will sie als Lebenslinien bezeichnen. Jede dieser Lebenslinien steht mit anderen
Vorgängen in der äußeren Welt in Wechselwirkung, unter anderem
auch mit den Lebenslinien anderer Individuen. Die Lebenslinien vieler
Individuen sind zu einem Netzwerk verbunden und den Austausch
dazwischen, der selbstverständlich auch den Gesetzen der äußeren
Welt gehorcht, erleben wir in der Interpretation durch unsere Gehirne als Kommunikation.

Mit unseren Naturwissenschaften versuchen wir, die Wirkungen
dieser strengen Gesetze der äußeren Welt in unserem Erleben zu
beschreiben. Diese Beschreibungen sind unvollständig und in stän-
diger Weiterentwicklung begriffen.

Die äußere Welt ist diejenige, in der sich die Evolution vollzieht.
Auch wenn mein Bewusstsein eine Illusion ist, die mir von meinem
Gehirn bereitet wird, ist diese Illusion doch auch ein physisch reprä-
sentiertes System von verknüpften Synapsen in meinem Gehirn. Es
ist also ebenfalls ein Teil der äußeren Welt, und erst dadurch kann
es am Spiel der Evolution teilnehmen. Andernfalls wäre seine Entstehung nicht erklärbar.

Thomas Metzinger vertritt ähnliche Positionen.[41] *Auch er sieht,
wie unsere persönliche Wirklichkeit unter anderem durch illusionäre Interpretationen unseres Gehirns geformt wird und geht ebenfalls
von einer klaren Trennung zwischen der Welt des inneren Erlebens
und der äußeren Welt aus.*

Metzinger behandelt allerdings diese Trennung nach meiner Ansicht nicht konsequent genug und kommt so zu Aussagen, die ich als
falsch ansehe. Beispielsweise kann ich seine Feststellung, wir könn-

ten durch die Kommunikation mit vielen anderen zu einem echten Wissen über die äußere Welt kommen, nicht nachvollziehen. Wenn ein einzelnes Individuum kein wirkliches Wissen über die äußere Welt haben kann, kann sich das auch nicht aus der Kommunikation vieler Individuen ergeben. Auch seine Aussage, dass das Bewusstsein ein Teil der Welt ist und gleichzeitig die Welt enthält, ist meines Erachtens nicht gerechtfertigt, denn das Bewusstsein als Teil der Welt ist das synaptische Bild des Bewusstseins im Gehirn, also in der äußeren Welt. Das Bewusstsein, das die Welt enthält, enthält aber in Wirklichkeit nur eine unvollständige Abbildung der Welt und ist eine Illusion in unserem persönlichen Erleben.

Hier ist ein Hinweis angebracht auf die Drei-Welten-Theorie, die von Popper vertreten wird.[42] *Bei diesen drei Welten handelt es sich um die Außenwelt, die Welt des Bewusstseins und die Welt gedanklicher Universalien. Diese drei Welten berühren sich zwar mit den hier dargestellten Weltbildern, doch die Ähnlichkeiten bleiben oberflächlich und unvollständig. Insbesondere hat Popper nicht den Schritt zur Postulation einer Welt objektiver und nach strengen Gesetzmäßigkeiten ablaufender Vorgänge getan. Daher kann er für die äußere Welt, zum Beispiel in der Entwicklung der Arten, emergente Vorgänge annehmen, die in einer Welt mit strengen Gesetzmäßigkeiten unmöglich sind.*

EIN DUALISTISCHES WELTBILD

Durch Jahrtausende war die Philosophie weitgehend von einem Dualismus beherrscht, dessen Formen wechselten: Physische und sterbliche Existenz und ewige Seele, menschliche Unvollkommenheit und göttliche Vollkommenheit, subjektives Bewusstsein und unbeeinflusste Außenwelt, wie auch immer. Immer handelt es sich um zwei fundamental getrennte Welten. Mein eigener introspektiver Ausgangspunkt mit Sinneseindruck und davon getrennter hypothetischer äußerer Welt ist in diesem Sinne dualistisch. Auch jetzt, nachdem durch die Erkenntnisse der experimentellen Psychologie und Hirnforschung vieles als Illusion entlarvt wurde, sehe ich ein gespaltenes Weltbild, das sehr unterschiedlich ist, je nachdem, auf welchen Standpunkt ich mich stelle. Die zwei Weltbilder sind beide in meinem Geist repräsentiert, das erste als eine geahnte Welt der strengen Gesetzmäßigkeiten, das zweite als naives Erleben. Das zweite Weltbild ist vom ersten abhängig, genauer gesagt, es ist als synaptische Struktur im ersten enthalten. Keines der beiden Weltbilder ist von Haus aus dualistisch, das erste, weil es eine in sich zusammenhängende und autonome Natur hat, das zweite, weil es als naives Erleben keinen Dualismus zulässt. Erst wenn man die Koexistenz beider Weltbilder und ihren Zusammenhang betrachtet, ergibt sich eine dualistische Sicht. Ich werde jetzt versuchen, diese beiden Welten und ihre Eigenschaften, wie ich sie in Teil 2 entwickelt habe, zusammenfassend zu beschreiben.

Die „objektive" äußere Welt

Die erste dieser Welten habe ich als äußere Welt bezeichnet. Es hat sich nichts an dem bereits zu Anfang betonten hypothetischen Charakter geändert. Auch die folgende Beschreibung ist eine spekulative Hypothese. Es ist eine Welt, über die ich viele Vermutungen habe, die sich aus dem System der Naturwissenschaften, einem System aus bewährten Einzelhypothesen, ableiten. Nichts davon ist sicheres Wissen.

Die äußere Welt ist vollkommen determiniert. Alle Vorgänge darin laufen nach Gesetzmäßigkeiten ab, die ich als Naturgesetze „im strengen Sinn" bezeichne. Hier lebt der Begriff der Universalien neu auf, weil diese postulierten „strengen" Naturgesetze und letztlich die gesamte äußere Welt universal und unabhängig von meiner Existenz vorhanden sind. Im Unterschied zu den weiter oben betrachteten Universalien der Philosophie handelt es sich aber jetzt nicht um eine Vielzahl von Einzelideen, bei denen sich die Frage stellt, wie die entsprechenden Ideen bei anderen aussehen und wie wir mit ihnen in Kontakt treten, sondern es ist ein allen Geschöpfen gemeinsames universelles System, das wir aber weder kennen müssen noch kennen können.

Diese Welt ist einheitlich in dem Sinne, dass darin alles mit allem zusammenhängt. Es gibt in dieser Welt nichts, was ein völlig abgetrenntes Eigenleben hat.

Die äußere Welt ist auch autonom, denn nichts vermag sie zu beeinflussen. Meine eigene Existenz sowie die Existenzen aller anderen sind Lebenslinien darin, die entsprechend den Gesetzen dieser Welt automatisch ablaufen.

Ich bezeichne diese Welt als „objektiv" in dem Sinne, dass sie von meinem persönlichen Erleben nicht abhängt.

Die sogenannten Naturgesetze, die wir aus Beobachtungen gewinnen, versuchen, den „strengen" Gesetzen dieser Welt nahezukommen, indem sie deren Wirkungen in unserer Erlebniswelt beschreiben. Unsere Beschreibungen werden unvollständig bleiben. Es könnte sogar sein, dass die Kausalität in der äußeren Welt nicht mit den logischen Problemen der ersten Ursache und der letzten Folge behaftet ist, denn wir wissen nicht, ob den Begriffen „Anfang" und „Ende" überhaupt eine Bedeutung in der äußeren Welt zukommt.

Es ist sehr wichtig, sich klarzumachen, dass es keine Möglichkeit gibt, diese Welt persönlich zu erfahren. Es ist eine rein gedankliche Konstruktion, ein Postulat, eine Spekulation. In meiner Alltagswelt der persönlichen Erfahrung spielt sie keine unmittelbare Rolle. Ihre

Existenz zu postulieren, wird aber unumgänglich, weil die Erfahrung der Kausalität mit der gleichzeitigen Erfahrung des freien Willens nicht kompatibel ist. Die „strengen" Gesetzmäßigkeiten in dieser äußeren Welt bestimmen die determinierte Ereignisfolge und teilen mir über mein Gehirn zu, was ich als bewusstes Erleben persönlich erfahre. *Diese Überlegungen sind Gedanken von Spinoza recht nahe. Auch bei Spinoza ist alles, was geschieht, determiniert, weil alles in Gottes unerforschlichem Wesen beschlossen ist. Betrachtet man aber Spinozas Gottesbegriff, so handelt es sich um „deus sive natura" – Gott oder die Gesamtnatur.*[43] *Bei meinen Überlegungen ist nur die Natur übriggeblieben.*

Die „subjektive" Welt meines eigenen Erlebens

Neben dieser „objektiven" Welt gibt es die „subjektive" Welt meines eigenen Erlebens. Es ist die Welt meiner Vorstellungen, in der die anderen Menschen, in Teil 1 nur per Analogieschluss erschlossen, einfach als reale Persönlichkeiten erscheinen, die mir weitgehend gleichen. Auch jeder andere hat eine solche naive Weltsicht, die aber nicht unbedingt mit meiner kongruent sein muss. Genau gesagt, es gibt so viele subjektive Welten, wie es Personen gibt. Allerdings lehrt uns die Kommunikation, dass eine große Ähnlichkeit zwischen diesen subjektiven Welten besteht.

Die Welt meines eigenen Erlebens beeinflusst nichts in der äußeren Welt, aber umgekehrt ist sie in der äußeren Welt physisch repräsentiert und von dieser abhängig. Ich erlebe das, aber auch nur das, was mir die äußere Welt zuteilt. Dazu gehören sämtliche Erfahrungen, die mir durch die Sinne erschlossen werden, aber auch die bewussten und unbewussten Inhalte, die mir mein Körper übermittelt, und schließlich auch alles, was mein Gehirn mir zukommen lässt, insbesondere auch alle Gedanken und Willensentscheidungen.

In meinem eigenen Erleben bin ich in allen meinen Gedanken, Entscheidungen und Handlungen frei, auch wenn ich weiß, dass Naturwissenschaften und Kausalität diese Freiheit im Bereich der Illusion ansiedeln. Diese Freiheit ist umfassend und sie ist das eigentliche Feld der Philosophie. Ich kann nicht anders, als in der Vorstellung dieser Freiheit zu leben. Diese „conditio humana" ist zugleich Begrenzung und Gelegenheit. Sämtliche Wertungen, jede komplexe Ethik und vor allem die Vorstellung eines selbstbewussten Ich gehören in diese subjektive Welt. Und nur hier findet der Begriff der Verantwortung als ein Messen meiner Handlungen an Ideologien oder selbst aufgebauten ethischen Forderungen seinen Platz. Eine objektive Verantwortung gibt es nicht. In der äußeren, der objektiven Welt existiert dieser Begriff überhaupt nicht, weil es dort nur gesetzmäßige Abläufe gibt.

Jetzt erkennen wir auch sofort die Antwort auf die zweite Frage, die im Teil 1 offengeblieben war: Kann der Geist sich selbst erklären? Diese Frage musste deshalb offenbleiben, weil sie die Grenze zwischen den beiden Weltbildern überschreitet. Im Grunde ist sie einfach falsch gestellt, weil wir uns dabei auf zwei verschiedene Begriffe von Geist beziehen. Sie kann nur in der subjektiven Welt gestellt werden und bezieht sich auf den Geist meines persönlichen Erlebens. Eine Antwort – soweit wir hier überhaupt von Antwort sprechen wollen – gibt es nur in der objektiven Welt und bezieht sich auf etwas anderes, denn unser Geist mit allem, was wir darin tun und lassen, gehört in jener Welt zu den automatischen Abläufen, die weder einer Erklärung bedürfen noch eine Erklärung bereitstellen.

Am Ende komme ich trotz der monistischen Auffassung einer vollkommen determinierten äußeren Welt zu dem Ergebnis, dass daneben eine „subjektive" Welt existiert oder, genau genommen, eine Vielzahl „subjektiver" Welten und damit alles, was Individuen als eigenes Erleben und als gesunden Menschenverstand erfahren. Das ist der Fall, weil die „objektive" Welt so konstruiert ist, dass sie mir beziehungsweise uns diese und nur diese Möglichkeit der Erfahrung zuteilt. In einer übergeordneten Gesamtsicht zeigt sich die Berechtigung einer dualistischen Auffassung, die sich einfach aus der simultanen Existenz dieser Welten ergibt.

Selbstverständlich kann jemand, ausgehend von seiner Erlebniswelt, bestreiten, dass es außerhalb dieser noch irgendetwas anderes gibt. Er kann auch einen göttlichen oder in anderer Weise transzendenten Ursprung dieser Erlebniswelt annehmen. Meine Sicht, die ich in dieser Abhandlung dargestellt habe, ist nur eine Konsequenz aus meinem Ausgangspunkt, der fundamentalen Trennung zwischen Erlebnis und einer äußeren Welt als dessen postulierter Ursache. Und damit schließt sich der Kreis.

KULTUR, PHILOSOPHIE UND
DER SINN DES GANZEN

Ich habe diesen Aufsatz als an der Grenze von Naturwissenschaften und Philosophie bezeichnet. Der Verlauf dieser Grenze ist jetzt klarer geworden. Wenn ich diese Gedanken hier beende, muss ich hinzufügen, dass das Gedankengebäude für mich keineswegs abgeschlossen oder vollständig ist. Was ist mit allen Gedanken, die sich daraus über Politik, Kunst, Liebe, Zuneigung usw. ergeben? Sind die für mich alle unbedeutend?

Innerhalb der „objektiven" autonomen und determinierten Welt spielen diese Begriffe keine Rolle, denn in dieser Welt gibt es keine Bedeutungen, sondern ausschließlich gesetzmäßig ablaufende Prozesse. Alle diese Gedanken haben nur eine Bedeutung in meinem „subjektiven" persönlichen Weltbild und dem analog korrespondierenden persönlichen Weltbild anderer. Darin allerdings sind sie sehr wichtig und es ist für mich schmerzlich, dass ich dazu wenig sagen kann. Besonders zwei Themenkreise liegen mir dabei am Herzen: Der eine ist Zuneigung und Liebe unabhängig von Sexualität, der andere betrifft Kunst in allen möglichen Formen, Musik, bildende Kunst, Literatur.

Die eben genannten Themen und viele andere sind für unser Leben auch dann relevant, wenn sie in für uns nicht nachvollziehbarer Weise von unserem eigenen Gehirn produziert werden. Es handelt sich um ein riesiges Gebiet. Es ist das, was wir im weitesten Sinne als Kultur bezeichnen. Mindestens beim gegenwärtigen Stand der Erkenntnis sagen uns die Naturwissenschaften dazu wenig.

Solange das der Fall ist, ist es eine legitime und wichtige Aufgabe der Philosophie, darüber nachzudenken, wieso es eine Kultur gibt, welche evolutionären Vorteile zu ihrer Entwicklung geführt haben und welche Positionen wir dazu und darin einnehmen (sollen). Die Naturwissenschaften werden ihr diese Aufgabe in absehbarer Zeit nicht streitig machen. Da die Kultur auch dann, wenn wir genau wissen, dass es sich um illusionäre Erzeugnisse handelt, für unser aller Leben eine enorm bedeutende Rolle spielt, gibt es viel zu tun für die Philosophie. Selbst wenn sich die Grenze zwischen Naturwissenschaften und Philosophie weiter verschieben sollte, werden diese Fragen der Philosophie erhalten bleiben.

Ludwig Wittgenstein hat im Jahre 1929 oder 1930 in Cambridge einen Vortrag über Ethik gehalten.[44] Dabei legt er einen sehr weit gefassten Begriff von Ethik zugrunde und sieht zwei unterschiedliche Bedeutungen. Die erste, er nennt sie die relative, macht Aussagen zur Erfüllung vordefinierter Ziele, kann aber keinerlei Aussage zu absoluten Werten enthalten. Es handelt sich um Aussagen über Fakten. Bei der zweiten Bedeutung, von ihm die absolute genannt, zu der er alles zählt, was absolut wichtig, absolut wertvoll ist, kommt er zu dem Ergebnis, dass sich nichts Wissenschaftliches darüber sagen lässt, und jeder Versuch dazu ein „Anrennen gegen die Grenzen der Sprache" ist.

Die einzige Frage mit absoluter Bedeutung, die mir einfällt, ist die nach dem Sinn des Ganzen, wie sie die Philosophie zu allen Zeiten gestellt hat. Die Antwort darauf kann nicht aus der „objektiven" Welt kommen, denn diese Welt kennt keine Sinnzuweisung, sondern nur automatische Vorgänge, also Fakten. Wenn die Antwort aber aus der „subjektiven" Welt kommt, dann kann es auch nur eine ganz persönliche sein. Ich kann sie nur für mich allein beantworten.

In mir kommt dabei immer das Gefühl einer Dankbarkeit hoch, Dankbarkeit für ein unendlich reiches Leben, das ich führen durfte, und für alles, was ich darin erleben durfte, ohne dass irgendein Adressat dieser Dankbarkeit für mich erkennbar ist. Vielleicht ist Dankbarkeit daher nicht das richtige Wort, aber ich habe kein besseres, weil ich gegen die Grenzen der Sprache anrenne. In dieser Dankbarkeit, die ich schon lange empfinde, ist heute sogar die Dankbarkeit dafür enthalten, dass ich auf meine alten Tage nach vielen Irrwegen in meinem Leben zu einer relativen Klarheit über die hier behandelten Fragen gekommen bin. Vielleicht ist gerade dies schon die Antwort auf die Frage nach dem Sinn. Vielleicht ist aber auch mein ganzes Gedankengebäude nur so etwas wie Wittgensteins Leiter, auf der man zwar emporsteigt, um sie dann am Ende als nicht mehr benötigt wegzuwerfen.[45]

DANK

Diese gesamte Darstellung entstand weitgehend im Alleingang. Wo andere Autoren lange Danksagungslisten präsentieren, stehe ich mit ziemlich leeren Händen da. Dabei gibt es in Wirklichkeit eine Vielzahl von Menschen, die in Schriften oder in Gesprächen Tausende kleiner Facetten zu meinem persönlichen Weltbild und zu meiner Analyse beigetragen haben, ohne das zu wissen oder zu beabsichtigen. Es sind im Grunde nur drei Personen, die direkt und unmittelbar das Entstehen dieser Darstellung ermöglicht haben.

Zuerst muss ich meinen Philosophielehrer in der Schule, Herrn Dr. Reinhold Schwinger, nennen. Er ist schon vor vielen Jahren verstorben, doch verdanke ich ihm neben manch anderem nützlichen Hinweis die Sicht von der grundsätzlichen Trennung der inneren und der äußeren Welt und damit den Ausgangspunkt meiner Gedanken.

Die zweite Person ist mein Freund Andreas. Er ist der Erste, dem es gelungen ist, bei mir ein Interesse für Philosophie zu wecken, und zwar erst in meinem recht fortgeschrittenen Alter. Er hat das Entstehen dieser Überlegungen von Anfang an durch viele Stadien mitverfolgt und mitdiskutiert. Ohne ihn wäre dieser Aufsatz nicht entstanden.

Und, last, not least, meine Frau, Sophie Delfs. Sie hat mir die Möglichkeit gegeben, in Ruhe und ungestört meinen Überlegungen nachzugehen. Sie hat meine Gedanken gelesen und nachvollzogen, doch sind diese niemals ihr eigentliches Anliegen gewesen. Ihr Anliegen aber war es, mir die Freiheit und die freundliche Umgebung zu bereiten, ohne die ich diese Arbeit nicht hätte tun können. Das ist kein geringer Beitrag.

REFERENZEN

1 Typische Sekundärliteratur zur Philosophie:
  Bertrand Russell, *Philosophie des Abendlandes*
  oder Wolfgang Pleger, *Handbuch der Anthropologie*.
2 Johann Wolfgang Goethe, *Zur Farbenlehre*.
3 Immanuel Kant, *Kritik der reinen Vernunft;
  Kritik der praktischen Vernunft; Kritik der Urteilskraft*.
4 Zum Beispiel bei Ernst Mach oder den Neurealisten.
5 Ernst Mach, *Die Analyse der Empfindungen*.
6 Markus Gabriel, *Warum es die Welt nicht gibt*.
7 Detailliertere Überlegungen zu den hier angesprochenen
  Fragen findet man in einer guten Zusammenstellung
  in Gerhard Roth, *Aus Sicht des Gehirns*.
8 Gerhard Roth, *Aus Sicht des Gehirns*.
9 Immanuel Kant, *Kritik der reinen Vernunft*.
10 Douglas Hofstadter und Emmanuel Sander, *Analogie*.
11 Martin Korte, *Wir sind Gedächtnis*.
12 Ernst Mach, *Die Analyse der Empfindungen*.
13 Eric Kandel, *Auf der Suche nach dem Gedächtnis*.
14 Antonio R. Damasio, *Descartes' Irrtum*.
15 Joseph Ledoux, *Das Netz der Gefühle*.
16 John Bargh, *Vor dem Denken*.
17 Andrew Meltzoff, Keith Moore, *Imitation of Facial and
   Manual Gestures by Human Neonates*, Science, 198.
18 Martin Korte, *Wir sind Gedächtnis*.
19 Daniel Schacter, *Wir sind Erinnerung*.
20 Meine Gedanken zu Worten sind in ähnlicher Weise
   von Ferdinand de Saussure formuliert worden,
   wie ich nachträglich erfahren habe.
21 Douglas Hofstadter und Emmanuel Sander, *Analogie*.
22 Bertrand Russell, *Language*, in Robert E. Egner and
   Lester E. Denonn, *The Basic Writings of Bertrand Russell*

23 Immanuel Kant, *Kritik der reinen Vernunft.*

24 Peter Singer, *Praktische Ethik,* Dritte Auflage

25 Gottfried Posch, *Fundamentalismus, ein Überblick.*

26 Bertrand Russell, Abschnitt *Spinoza* in *Philosophie des Abendlandes*

27 John Bargh, *Vor dem Denken.*

28 Edward O. Wilson, *Der Sinn des menschlichen Lebens.*

29 Johann Wolfgang Goethe, Gedicht *Urworte. Orphisch, Δαιμον.*

30 Gerhard Roth, *Aus Sicht des Gehirns.*

31 Hans Delfs, *False Memory.*

32 https://de.wikipedia.org/wiki/Libet-Experiment

33 Michael Gazzaniga, *Die Ich-Illusion.*

34 Immanuel Kant, *Grundlegung zur Metaphysik der Sitten.*

35 Ernst Mach, *Die Analyse der Empfindungen.*

36 Gerhard Roth, *Aus Sicht des Gehirns.*

37 Gerhard Roth, *Aus Sicht des Gehirns.*

38 Michael Gazzaniga, *Die Ich-Illusion.*

39 John Bargh, *Vor dem Denken.*

40 Ernst Mach, *Die Analyse der Empfindungen.*

41 Thomas Metzinger, *Der Ego-Tunnel.*

42 Karl R. Popper: *Objektive Erkenntnis.*

43 Bertrand Russell, Abschnitt *Spinoza* in *Philosophie des Abendlandes*

44 Ludwig Wittgenstein, *Vortrag über Ethik.*

45 Ludwig Wittgenstein, *Tractatus logico-philosophicus.*

HERZ FÜR AUTOREN A HEART FOR AUTHORS À L'ÉCOUTE DES AUTEURS MIA KAPΔIA ΓIA ΣYΓΓI
FÖR FÖRFATTARE UN CORAZÓN POR LOS AUTORES YAZARLARIMIZA GÖNÜL VERELIM SZ
PER AUTORI ET HJERTE FOR FORFATTERE EEN HART VOOR SCHRIJVERS TEMOS OS AUTC
ZÖINKÉRT SERCE DLA AUTORÓW EIN HERZ FÜR AUTOREN A HEART FOR AUTHORS À L'ÉCOL
BCEЙ ДУШОЙ К АВТОРАМ ETT HJÄRTA FÖR FÖRFATTARE À LA ESCUCHA DE LOS AUTO
MIA KAPΔIA ΓIA ΣYΓΓPAΦEIΣ UN CUORE PER AUTORI ET HJERTE FOR FORFATTERE EEN
ZERZÖINKÉRT SERCE DLA AUTORÓW EIN HERZ FÜ
ORAÇÃO BCEЙ ДУШОЙ К АВТОРАМ ETT HJÄRTA FÖI

Der Autor

Hans Delfs wurde 1935 in Leverkusen geboren und wuchs in Bonn auf. Er studierte Physik in Bonn und München, promovierte in Tübingen und war lange in der elektronischen Industrie tätig. Er lebt in der Nähe von München und bewegt sich gerne in der freien Natur. Die Idee zu diesem Werk kam Delfs auf morgendlichen Waldspaziergängen.

Seit dem Philosophieunterricht in der Schule begleitet ihn die Überzeugung, dass das innere Erleben des Menschen von der äußeren Welt grundsätzlich getrennt ist. Er wählt diese Idee als Ausgangspunkt und formuliert seine eigenen Überlegungen zum Prozess des Denkens und über die menschliche Existenz.

Veröffentlicht hat Hans Delfs bereits kunsthistorische und psychologische Sachbücher, u. a. hat er eine vierbändige Edition der Briefe von Ernst Ludwig Kirchner herausgegeben und ein Buch über falsche Erinnerungen verfasst.